lonely planet

BARCELONE

EN QUELQUES JOURS

ISABELLA NOBLE

Sommaire

Préparer son séjour 4

Palau de la Musica Catalana dome (p. 84)

Explorer Barcelone 35

Carnet pratique 177

AVERTISSEMENT

Au moment où nous terminions l'édition de ce guide, la pandémie de Covid-19 impactait fortement le monde du voyage. Les informations que vous trouverez dans cet ouvrage sont donc susceptibles de changements.

Renseignez-vous bien avant votre départ car la situation aura probablement évolué quand vous préparerez votre voyage.

Bienvenue à Barcelone

Bienvenue à Barcelone, l'éblouissante capitale catalane face à la Méditerranée ! Laissez-vous emporter par un tourbillon d'édifices modernistes, de ruelles médiévales, de musées et de plages ensoleillées, en vous arrêtant de temps à autre dans un restaurant à la cuisine follement inventive ou un bar tendance. Forte de 2 000 ans d'histoire, la ville foisonne de vestiges du temps passé mais s'illustre aussi comme un haut lieu de la création contemporaine.

Plaça d'Espanya
QUERBEET/GETTY IMAGES ©

Les incontournables

La Sagrada Família

Le chef-d'œuvre de Gaudí, monument le plus visité d'Espagne. **p. 108**

ELOI_OMELLA/GETTY IMAGES ©

PIO3/SHUTTERSTOCK©

Le Museu Picasso

Les œuvres de jeunesse du peintre espagnol dans une demeure gothique. **p. 74**

BRIAN KINNEY/ALAMY STOCK PHOTO©

La Pedrera

Chef-d'œuvre excentrique de Gaudí, à la façade hors du commun. **p. 112**

VLADITTO/SHUTTERSTOCK ©

Le Park Güell

Le parc fantasque de Gaudí, perché sur une colline. **p. 132**

Casa Batlló

L'extravagance "gaudienne" à son apogée. **p. 114**

La Catedral

Ode majestueuse et monumentale au style gothique. **p. 42**

Le Museu Nacional d'Art de Catalunya

De l'art dans un palais. **p. 148**

La Basílica de Santa Maria del Mar

Une superbe église gothique. **p. 78**

Le Camp Nou

Le stade du FC Barcelone, véritable lieu de pèlerinage. **p. 168**

Le Mercat de la Boqueria

Le plus grand marché alimentaire d'Europe. **p. 44**

La Fundació Joan Miró

Des œuvres phares du grand artiste catalan du XXe siècle. **p. 150**

La Rambla

L'avenue légendaire de Barcelone. **p. 38**

Se restaurer

VOLANTHEVIST/GETTY IMAGES ©

La scène culinaire barcelonaise est réputée pour ses grands chefs, ses recettes inventives et ses ingrédients de choix, issus de la mer ou du terroir. Des génies des fourneaux comme Ferran Adrià ont conquis le monde entier en réinventant la grande cuisine, tandis que les spécialités catalanes traditionnelles font toujours le succès de nombreux restaurants.

La nouvelle vague catalane

Avec leurs véritables laboratoires culinaires, leur volonté d'élever la cuisine au rang d'art et leur manière époustouflante de revisiter les classiques régionaux, des chefs avant-gardistes ont contribué au renom de la Catalogne. Ici, la gastronomie dite "moléculaire" a le champ libre. Les "chimistes du goût" transforment les liquides et les aliments solides en mousses, créent des "glaces" à partir d'azote liquide, gèlent les ingrédients pour en faire de la poudre concentrée et pratiquent la sphérification pour des créations aussi ingénieuses qu'insolites.

Traditions indémodables

La cuisine catalane repose sur l'excellence des produits du bassin méditerranéen : poissons, crevettes, seiche, palourdes, lapin, gibier, huile d'olive de premier choix, poivre, tomates et ail en abondance. Parmi les classiques figurent d'étonnantes associations (fruits de mer et viande, volaille et fruits) : seiche et pois chiches, jambon fumé et caviar, lapin et crevettes, oie et poires...

Éternelles tapas

Les bars à tapas abondent partout dans Barcelone. La plupart ouvrent plus tôt que les restaurants, si bien que les tapas peuvent se déguster tant à l'apéritif qu'à la place du dîner. Il existe aussi quantité de bars à *pintxos* (photo en haut à droite), la variante basque.

©MAGDANATKA/SHUTTERSTOCK ©

Cuisine catalane

Can Recasens Excellente cuisine de la région dans un cadre romantique du Poblenou. (p. 100)

La Pubilla Des classiques teintés d'une touche de créativité, à Gràcia. (p. 138)

Cafè de l'Acadèmia Une cuisine de haute volée qui ne déçoit jamais. (p. 51)

Cinc Sentits Le restaurant étoilé au Michelin où Jordi Artal sublime les produits du cru. (p. 124)

Bar Muy Buenas Spécialités locales et décor des années 1920. (p. 61)

Tapas

Quimet i Quimet Délicieuses tapas à déguster debout. (p. 161)

Bar Pinotxo Une institution du marché de la Boqueria. (p. 45)

Tapas 24 Bar à tapas gastronomique. (p. 125 et 173)

Pepa Vins naturels et cuisine ambitieuse, à L'Eixample. (p. 125)

Belmonte Bodega typique du Barri Gòtic. (p. 52)

Tables gastronomiques

Disfrutar La cuisine catalane dans ce qu'elle a de plus expérimental. (p. 122)

Lasarte Le fin du fin avec trois étoiles au Michelin. (p. 122)

La Barra de Carles Abellán Mille et une façons d'accommoder les fruits de mer. (p. 99)

Menú del día

Proposé par toutes sortes d'établissements, le menu du jour permet de faire un repas complet à prix raisonnable (11-25 €, eau ou vin inclus).

Barcelone en un plat

La salsa romesco

★ Où déguster la *salsa romesco*

Impossible de ne pas tomber sur la savoureuse sauce romesco lors d'un séjour à Barcelone. La plupart des restaurants catalans et nombre de nouvelles tables innovantes ont la leur.

El 58 (p. 103). Cette adresse franco-catalane du Poblenou se distingue par ses tapas créatives.

Belmonte (p. 52). Excellentes tapas dans un minuscule établissement du Barri Gòtic.

Vivanda (p. 173). Délicieuse cuisine locale à base de produits de saison.

Casa Delfín (p. 85). Un festin de saveurs catalanes et méditerranéennes à El Born.

Une tradition catalane

Cette sauce typiquement catalane accompagne légumes rôtis, viandes grillées et poissons dans de nombreux plats régionaux. À base de tomates et de poivrons rouges, elle est riche en ail et en fruits à coque. La *salvitxada*, une version épaissie, accompagne à la fin de l'hiver les délicieux *calçots* (oignon doux ressemblant à la cive) grillés au barbecue, particulièrement prisés des Catalans.

Calçots grillés et sauce *romesco*

Prendre un verre et faire la fête

JONATHAN STOKES/LONELY PLANET ©

Les noctambules aiment Barcelone, où l'on peut voguer allègrement, et ce jusqu'au petit matin, de bars à vins tamisés en tavernes à l'ancienne, en passant par des lounges branchés, des bars à cocktails et des discothèques. La ville ne manque pas non plus de cafés et salons de thé confortables et paisibles où se réfugier.

Bars et lounges

Les bars sont nombreux et éclectiques : refuges tamisés, antres dans le quartier médiéval, boutiques reconverties ou adresses au décor moderniste. Côtoyez les hipsters à Sant Antoni, les Barcelonais bohèmes à El Raval et les jeunes expatriés à Gràcia ou à El Born.

Bars à vins, à *cava* et à cocktails

De plus en plus nombreux à Barcelone, les bars à vins mettent en vedette de bons crus venus d'Espagne et d'ailleurs. Les adresses spécialisées proposent un choix étourdissant de vins au verre, généralement accompagnés de tapas. On va dans les bars à *cava* davantage pour leur ambiance festive que pour déguster le célèbre vin mousseux catalan, majoritairement produit dans le Penedès. Dans les bars à *cava* les plus populaires, vous devrez jouer des coudes pour fendre la foule et siroter votre vin pétillant debout.

Clubs

Les discothèques sont très fréquentées du jeudi au samedi ; la plupart sont fermées le reste de la semaine. Un nombre étonnant d'adresses se cache dans le dédale de la vieille ville, de l'ancienne salle de bal somptueuse au club humide en sous-sol, toujours plein. Changement d'ambiance radical au Port Olímpic : les plaisanciers en escale se mêlent aux touristes et à des Barcelonais plus rares, enchaînant les bars dansants face à la mer.

ISTANBUL_IMAGE_VIDEO/SHUTTERSTOCK ©

Bars à vins

Perikete Bar à vins et tapas animé à la Barceloneta. (p. 103)

Viblioteca Un petit espace réputé pour ses vins et ses fromages. (p. 143)

Bar Zim Un antre rustique du Barri Gòtic pour découvrir des vins peu connus. (p. 54)

Can Paixano Rosé pétillant et tapas gourmandes à la Barceloneta. (p. 95)

Cocktails

Paradiso Derrière la porte d'un réfrigérateur, un *speakeasy* glamour. (p. 88)

Dr Stravinsky Des cocktails inventifs à El Born. (p. 81)

Two Schmucks Le bar à cocktails d'El Raval dont tout le monde parle. (p. 68)

Boadas Une adresse historique, en vogue depuis les années 1930. (p. 55)

Discothèques

La Terrrazza Pour faire la fête sous les palmiers au Poble Espanyol. (p. 164)

Metro Disco Un lieu culte de la scène LGBT barcelonaise, à Sant Antoni. (p. 164)

Sala Apolo Beau lieu à la programmation éclectique, (électro, funk, etc.). (p. 155)

Moog Un club minuscule d'El Raval où danser et s'amuser. (p. 69)

Bars de plage

L'été, des petits bars en bois appelés *xiringuitos* (*chiringuitos* en espagnol), souvent avec DJ et à l'ambiance festive, ouvrent sur le sable entre la Barceloneta et la Platja de la Nova Mar Bella. Nous aimons **La Deliciosa** (www.panteabeach.com ; Platja de Sant Miquel ; ⌚9h-0h mars-nov) et **Vai Moana** (www.panteabeach.com ; Platja del Bogatell ; ⌚9h-tard mars-nov).

Barcelone en un verre

Vermouth

Il s'agit d'un vin rouge ou blanc, infusé avec des plantes aromatiques et fortifié à l'eau-de-vie.

On le sert traditionnellement avec des glaçons, une ou deux olives et parfois une tranche d'orange.

Le vermouth est toujours accompagné de tapas telles que *croquetas*, anchois marinés ou *patates braves*, voire de chips.

Le vermouth relève autant du rituel social que de la boisson.

Il aurait été introduit en Catalogne au milieu du XIXe siècle.

★ Les meilleurs bars à vermouth

Quimet i Quimet (p. 161). Une vieille institution du Poble Sec aux succulents *montaditos*.

La Vermu (p. 143). Ce bar de Gràcia fabrique son propre vermouth.

La Vermuteria del Tano (p. 144). Une adresse de tradition prisée des habitants de Gràcia.

Bar Calders (p. 155). Un bar animé de Sant Antoni et un vermouth de choix.

Bodega La Peninsular (p. 102). Vermouth et tapas exquises dans ce chouchou de la Barceloneta.

JOSE MONTORO/SHUTTERSTOCK ©

Renaissance du vermouth

Alcool apprécié de la classe ouvrière avant la guerre civile, le vermouth tomba ensuite en désuétude. On assiste depuis une dizaine d'années à son retour en force. De nouveaux bars à vermouth ouvrent partout en ville, les vieilles institutions sont plus populaires que jamais et les productions artisanales ont le vent en poupe. Comme les Barcelonais, sacrifiez vous aussi à la *hora del vermut* (heure du vermouth), traditionnellement vers midi.

Vermouth accompagné d'olives et de chips

GARCIA FOTOGRAFIA/SHUTTERSTOCK ©

Shopping

GILLES RIVEST/SHUTTERSTOCK ©

Le dynamisme de Barcelone se manifeste notamment à travers ses commerces. La Ciutat Vella, L'Eixample et Gràcia en recèlent de toutes sortes : boutiques indépendantes, vieilles échoppes, magasins branchés, cavistes, épiceries fines et autres repaires de gourmets. Ces dernières années, nombre de jeunes créatifs ont ouvert des boutiques et ateliers à El Raval, El Born, Sant Antoni et Gràcia.

Shopping chic

Le cœur du Barri Gòtic a toujours été rempli de petits commerces, auxquels se mêlent aujourd'hui des enseignes plus modernes. On trouve encore de vieilles boutiques traditionnelles telles que des chapeliers ou des marchands de bougies dans les ruelles autour de la Plaça de Sant Jaume. La Carrer d'Avinyó, autrefois sordide, est devenue une petite enclave de la mode jeune. Des antiquaires jalonnent la Carrer de la Palla et la Carrer dels Banys Nous. La Ribera reste le paradis des gourmands, mais d'élégantes adresses de mode et de design, qui mettent souvent en avant les stylistes et artisans locaux, ont fait leur apparition.

Mode vintage

Les meilleures friperies se concentrent à El Raval. Commerces à l'ancienne et enseignes de vêtements d'occasion abordables s'y côtoient, notamment le long de la Carrer de la Riera Baixa, où l'on trouve aussi des surplus militaires. La Carrer dels Tallers accueille un nombre croissant de magasins d'habillement et de chaussures (même si les disquaires se taillent toujours la part du lion). Quelques spécialistes du vintage sont également présents dans le Barri Gòtic, ainsi qu'à El Born et Sant Antoni.

Marchés

Les marchés alimentaires de Barcelone comptent parmi les meilleurs d'Europe. Chaque quartier dispose de ses propres halles.

MEINPHOTO/SHUTTERSTOCK ©

Shopping mode

Colmillo de Morsa Mode féminine minimaliste et durable, à Gràcia. (p. 144)

La Manual Alpargatera Une boutique d'espadrilles du Barri Gòtic. (p. 57)

Bagués-Masriera Magnifiques bijoux par une maison historique. (p. 117)

Ozz Barcelona *Slow fashion* par des stylistes barcelonais, à El Born. (p. 91)

Avant Vêtements griffés, pour femmes. (p. 129)

Marchés

Mercat de La Boqueria Le marché d'alimentation emblématique de Barcelone. (p. 44)

Mercat de Santa Caterina Le marché de la Ribera, alternative à la Boqueria. (p. 84, photo ci-dessus)

Mercat de Sant Antoni Marché de quartier dans une halle en fer de 1882. (p. 158)

Mercat dels Encants Vaste marché aux puces dans une halle du Poblenou. (p. 105)

Produits locaux

Casa Gispert Fruits secs, chocolat, conserves et huiles d'olive. (p. 91)

Vila Viniteca Le temple des vins espagnols, à El Born. (p. 90)

Formatgeria La Seu Excellents fromages de petits producteurs, dans le Barri Gòtic. (p. 56)

Caelum Pâtisseries à damner un saint, confectionnées par des nonnes. (p. 54)

El Magnífico La première boutique de torréfaction de Barcelone, à El Born. (p. 90)

Magasins de chaînes

C'est en Espagne que sont nées les marques Zara, Mango, Desigual, Pull&Bear, Stradivarius, Bershka, Massimo Dutti et Uterqüe, entre autres, dont vous trouverez de nombreuses enseignes à Barcelone.

Avec des enfants

OLGA355/GETTY IMAGES ©

Des artistes de rue de la Rambla aux formes fantasques de l'architecture moderniste, le théâtre urbain de Barcelone est une source inépuisable de curiosité pour les plus jeunes. En outre, les lieux où s'ébattre – parcs, piscines, plages... – ne manquent pas et les petits sont bien accueillis dans cette ville de culture méditerranéenne.

Au restaurant en famille

À Barcelone, comme ailleurs en Espagne, les bambins font (presque) tout comme les grands. Sortir au restaurant ou boire un verre en terrasse, même tard, ne nécessite pas forcément qu'on fasse garder sa progéniture. Les petits Espagnols mangent le plus souvent la même chose que leurs parents, mais nombre de restaurants ont un menu enfant proposant des plats tels que burgers, pizzas ou pâtes à la sauce tomate. Côté cuisine locale, la *truita de patates/tortilla de patatas* (omelette aux pommes de terre), le *pa amb tomàquet/pan con tomate* (tranche de pain frottée à la tomate et arrosée d'huile d'olive) et les *croquetes/croquetas* (croquettes frites) font généralement mouche.

Renseignements pratiques

- Les couches, tétines, crèmes, laits maternisés et aliments pour bébé sont vendus en pharmacie et dans les supermarchés.
- Le métro de Barcelone est accessible aux poussettes.
- Avec leurs pavés et leur circulation imprévisible, les rues étroites de la Ciutat Vella sont plus difficilement praticables avec une poussette que le reste de la ville.
- Si la plupart des restaurants peuvent fournir une chaise haute, seuls certains lieux disposent de tables à langer. L'allaitement en public est toléré.

FRANTICOO/SHUTTERSTOCK ©

Attractions

Plages Sable et eaux calmes. (p. 95)

La Sagrada Família Une église aux airs de château d'heroic fantasy. (p. 108)

CosmoCaixa Un formidable musée des sciences dans la Zona Alta. (p. 171, photo ci-dessus)

L'Aquàrium 11 000 poissons et tunnel aux requins. (p. 98)

Poble Espanyol Un village en miniature captivant. (p. 159)

Museu Picasso Ce remarquable musée d'El Born séduira les plus grands. (p. 74)

Parcs et jardins

Parc de la Ciutadella Lac, aire de jeux et zoo en plein centre. (p. 84)

Park Güell Animaux aux couleurs éclatantes et maisons comme dans *Hansel et Gretel*. (p. 132)

Font Màgica Jeux d'eau et de lumière autour de la fontaine de Montjuïc. (p. 158)

Parc Natural de Collserola Collines plantées de pinèdes dans le nord de Barcelone. (p. 172)

Montjuïc Jardins, points de vue et forteresse militaire du XVIIIe siècle. (p. 158)

Parc d'Atraccions Tibidabo Manèges et panorama sur la ville. (p. 172)

Circuler autrement

Vélo Nombreux loueurs et circuits organisés. (p. 26)

Téléphérique De la Barceloneta à Montjuïc. (p. 182)

Cuca de Llum Le "ver luisant", funiculaire high-tech de Tibidabo. (p. 172)

À savoir

Adaptez vos enfants à l'heure barcelonaise (on se couche tard), sans quoi ils manqueront la moitié des choses à voir et à faire. Renseignez-vous sur les activités auprès des offices du tourisme.

Architecture

La capitale de la Catalogne présente une étonnante juxtaposition de cathédrales gothiques, d'édifices modernistes extravagants et de constructions avant-gardistes. C'est au Moyen Âge que Barcelone, alors siège de l'"empire catalan", connaît son premier essor architectural. La fin du XIXe siècle marque une autre période faste. Enfin, la création contemporaine fleurit depuis la fin des années 1980.

SOPOTNICKI/SHUTTERSTOCK ©

Grandeur gothique

La cathédrale Joyau gothique de la vieille ville, à la fois extravagante et sobre. (p. 42)

Basílica de Santa Maria del Mar Probablement l'emblème du gothique catalan. (p. 78)

Basílica de Santa Maria del Pi Un bijou du XIVe siècle à l'éblouissante rosace. (p. 47)

Museu Marítim Dans les anciens chantiers navals, à l'extrémité de la Rambla, près de la mer. (p. 98)

Reial-Monestir de Santa Maria de Pedralbes Monastère du XIVe siècle doté d'un superbe cloître à trois niveaux. (p. 171)

Museu Picasso Des demeures gothiques habilement transformées en musée. (p. 74)

Le meilleur de Gaudí

La Sagrada Família Le chef-d'œuvre inachevé de Gaudí. (p. 108)

La Pedrera Incroyable immeuble d'habitation au toit féerique. (p. 112)

Casa Batlló Saisissant, à l'intérieur comme à l'extérieur. (p. 114)

Palau Güell Seul édifice de Gaudí de la vieille ville. (p. 63)

Park Güell L'espièglerie du maître dans toute sa splendeur. (p. 132)

Fantaisies modernistes

Palau de la Música Catalana L'époustouflante salle de concerts créée par Domènech i Montaner. (p. 84, photo)

Casa Amatller L'œuvre de Josep Puig i Cadafalch se démarque par son toit à pignon. (p. 120)

Casa Lleó i Morera Une opulente façade ornée de nymphes, de coupoles et de vitraux. (p. 121)

Fundació Antoni Tàpies Domènech i Montaner a conçu ce chef-d'œuvre de brique et de métal. (p. 120)

Recinte Modernista de Sant Pau Un somptueux ensemble de bâtiments créés par Domènech i Montaner. (p. 120)

Art et design

Depuis des siècles, Barcelone est le pôle d'attraction de grands artistes : ses rues, parcs et galeries d'art sont jalonnés d'œuvres d'hier et d'aujourd'hui. Des sculpteurs modernistes, tel Josep Llimona, aux vedettes internationales, comme Roy Lichtenstein, tous ont laissé leur empreinte. Les trois grands noms de l'art espagnol du XXe siècle – Picasso, Miró et Dalí – ont entretenu des liens étroits avec cette ville.

SCULPTURE: L'ESTEL FERIT BY REBECCA HORN

EVGENIYA TELENNAYA/SHUTTERSTOCK ©

Art et design du XXe siècle

Museu Picasso Picasso avant le cubisme. (p. 74)

Fundació Joan Miró Les travaux de Miró, des années de formation aux œuvres plus tardives. (p. 150)

Fundació Antoni Tàpies Œuvres de Tàpies et expositions d'art contemporain. (p. 120)

Museu Nacional d'Art de Catalunya Art moderne catalan à l'étage d'un superbe musée d'art. (p. 148)

MACBA Superbe collection d'art contemporain. (p. 63)

Centre de Cultura Contemporània de Barcelona Expositions temporaires de premier ordre, souvent centrées sur la photographie. (p. 64)

CaixaForum Espace artistique dynamique dans un bel édifice moderniste réaménagé. (p. 158)

Museu del Modernisme Barcelona Mobilier réalisé par des modernistes. (p. 122)

Art dans la rue

Peix L'énorme poisson doré de Frank Gehry trône sur le front de mer. (p. 103)

L'Estel Ferit Sculpture de Rebecca Horn évoquant les *xiringuitos* de la Barceloneta. (p. 103 ; photo)

Mosaïque de Miró L'œuvre de l'icône artistique de Barcelone orne le sol de la Rambla. (p. 40)

Réverbères de Gaudí L'une des premières réalisations du maître, sur la Plaça Reial du Barri Gòtic. (p. 47)

Articket BCN

Offre la plus avantageuse pour les amateurs d'art à Barcelone, l'**Articket BCN** (articketbcn.org ; 35 €) donne accès à six musées majeurs : le MACBA, le CCCB, la Fundació Antoni Tàpies, la Fundació Joan Miró, le MNAC et le Museu Picasso.

Musées

Riche d'un formidable patrimoine artistique, Barcelone peut se prévaloir d'une collection de musées de tout premier plan sur des thèmes aussi variés que l'histoire catalane ou la sculpture d'avant-garde. Comme souvent en Espagne, beaucoup occupent des édifices splendides participant de leur attrait.

ESME FOX/LONELY PLANET ©

Histoire

Museu d'Història de Barcelona Ruines romaines et architecture gothique à foison. (p. 50)

Museu d'Història de Catalunya Merveilleuse ode à l'histoire catalane. (p. 98)

Museu Marítim Barcelone, ville portuaire méditerranéenne, exposée dans les anciens chantiers navals gothiques. (p. 98)

Museu Etnològic Coutumes et traditions catalanes. (p. 160)

Reial Monestir de Santa Maria de Pedralbes Un aperçu de la vie monastique et un magnifique cloître gothique. (p. 171)

MUHBA Refugi 307 Découvrez Barcelone en temps de guerre dans ce réseau évocateur d'abris antiaériens. (p. 160)

Museu d'Arqueologia de Catalunya Collection de pièces archéologiques mises au jour en Catalogne et ailleurs. (p. 159)

Bunkers del Carmel Ancienne batterie aérienne transformée en belvédère. (p. 138)

Camp Nou Experience Le stade et la saga du FC Barcelone. (p. 168)

Arts

Museu Nacional d'Art de Catalunya Art roman époustouflant et collection d'œuvres catalanes. (p. 148)

Museu Picasso Dessins et peintures de jeunesse du génial Picasso. (p. 74)

Museu Frederic Marès Collection remarquable de sculptures espagnoles et art roman. (p. 50)

Fundació Joan Miró Les chefs-d'œuvre de l'artiste dans un bâtiment contemporain conçu sur mesure. (p. 150)

Fundació Antoni Tàpies Les tableaux ésotériques du grand maître catalan du XXe siècle dans un cadre moderniste. (p. 120)

MACBA Le plus grand musée d'art contemporain de Barcelone. (p. 63)

Museu Gaudí L'atelier de Gaudí où sont exposées ses esquisses et maquettes. (p. 108)

Museu Can Framis (www.fundaciovilacasas.com). Panorama de la peinture catalane depuis 1960.

Parcs, jardins et plages

Les rues étroites de la vieille ville de Barcelone peuvent parfois paraître oppressantes, surtout en haute saison. Mais dès que l'on en sort, la ville se révèle lumineuse et spacieuse avec ses parcs, ses jardins et ses longues plages de sable qui lui confèrent un air décidément méditerranéen.

IRENE MAJANO MAGANTO/GETTY IMAGES ©

Parcs et jardins

Park Güell Et l'excentricité de Gaudí rencontra l'art paysager ! (p. 132)

Parc de la Ciutadella Parc ombragé, abritant le Parlement, un zoo, un bassin et des sculptures. (p. 84)

Parc Natural de Collserola Vaste espace naturel protégé où marcher, courir et faire du vélo. (p. 172)

Jardins de Mossèn Cinto de Verdaguer Un jardin dédié aux plantes à bulbe et aux nénuphars, sur les pentes de Montjuïc. (p. 153)

Parc del Laberint d'Horta Un jardin à la française (photo) organisé autour d'un labyrinthe végétal (www.barcelona.cat ; Passeig del Castanyers 1 ; adulte/enfant 2,25/1,50 € ; ⏰10h-20h avr-oct, 10h-18h nov-mars).

Jardins de Laribal Terrasses reliées par des allées et des escaliers sur la colline de Montjuïc. (p. 153)

Plages

Platges del Poblenou De jolies plages de sable, dont Bogatell et Nova Icària, pleines d'animation, et Mar Bella, fréquentée par la communauté LGBT. (p. 98)

Platja de la Barceloneta Plage familiale où il vaut mieux arriver tôt. (p. 95)

Vaut le détour

Plusieurs belles plages de la région peuvent faire l'objet d'une excursion à la journée en prenant les trains *rodalies* R1 ou R2, respectivement au départ de la Plaça de Catalunya et de Passeig de Gràcia.

Platja de Castelldefels Une plage prisée des kitesurfeurs, à quelque 20 km au sud-ouest.

Platja del Garraf Au bord d'une baie dans le village de Garraf, à 30 km au sud-ouest.

Sitges La plus célèbre station balnéaire LGBT d'Espagne, 35 km au sud-ouest.

Visites organisées

Les options pour une visite plus fouillée de Barcelone ne manquent guère : promenades guidées à thème dans la Ciutat Vella (vieille ville) ou L'Eixample, excursions à vélo pour découvrir le centre et le front de mer, circuits gastronomiques... Barcelona Turisme (p. 182) organise des balades à pied axées sur le modernisme, Picasso et le Barri Gòtic.

MARGARET STEPIEN/LONELY PLANET ©

Devour Barcelona (☎944 58 10 22 ; www.devourbarcelonafoodtours.com ; 79-119 €). Des parcours gastronomiques en compagnie de guides compétents pour goûter les classiques de la cuisine catalane.

Wanderbeak (☎93 22 06 101 ; www.wanderbeak.com ; Carrer del Comerç 29 ; 79-99 €/pers ; ⏲9h-22h ; MJaume I, Barceloneta). Un duo de gourmets propose des expériences gastronomiques approfondies en effectifs réduits.

Barcelona Architecture Walks (☎682 497208 ; www.barcelonarchitecturewalks.com ; Passatge de l'Hort de Velluters 5 ; circuit de 3 heures 38 € ; MArc de Triomf). Circuits thématiques en petits groupes conduits par des architectes et professeurs vivant à Barcelone.

Bike Tours Barcelona (☎93 268 21 05 ; www.biketoursbarcelona.com ; Carrer de l'Esparteria 3 ; circuit de 3 heures 25 €/pers ; ⏲10h-19h ; MJaume I). L'un des premiers tour-opérateurs de Barcelone spécialisé dans les itinéraires à vélo. Location à partir de 5 €/heure.

Barcelona Street Style Tour (www.barcelonastreetstyletour.com ; libre participation). Circuits de street art très divertissants à El Raval, à El Born et dans le Barri Gòtic.

Runner Bean Tours (☎636 108 776 ; www.runnerbeantours.com ; ⏲11h et 16h30 mars-oct, 11h nov-fév ; libre participation ; 👪; MLiceu). Formules thématiques avec des guides anglophones passionnés.

Antiques & Boutiques (☎671 234 800, 607 653 817 ; www.antiquesandboutiques.com ; Plaça de la Mercè 8 ; MDrassanes). Circuits individuels haut de gamme axés sur la mode (à partir de 300 € pour deux).

Orsom (☎630 619615 ; www.barcelona-orsom.com ; Moll de les Drassanes ; adulte/enfant à partir de 15,50/13,50 € ; ⏲variables ; MDrassanes). Croisières dans la baie près de la Barceloneta, certaines sur fond de jazz live l'après-midi.

Barcelone gay et lesbien

Barcelone possède une scène LGBT très dynamique. La majeure partie des bars, clubs, restaurants et librairies spécialisés se concentrent dans le "Gaixample", un secteur de L'Eixample délimité par la Carrer Balmes, la Gran Via de les Corts Catalane, la Carrer Urgell et la Carrer Aragó. D'autres établissements gays et lesbiens sont disséminés à Sant Antoni et au Poble Sec.

NITO/SHUTTERSTOCK ©

Bars

La Monroe (plan p. 62, C4 ; ☎93 441 94 61 ; www.lamonroe.es ; Plaça Salvador Seguí 1-9 ; ⏲12h-tard ; 📶 ; Ⓜ Liceu). Le bar sobre et stylé de la cinémathèque, à El Raval, accueille tout le monde.

La Chapelle (☎93 453 30 76 ; Carrer de Muntaner 67 ; ⏲16h-2h dim-jeu, 16h-2h30 ven-sam ; Ⓜ Universitat). Une adresse décontractée pour boire un cocktail.

La Federica (☎93 600 59 01 ; www.facebook.com/barlafederica ; Carrer de Salvà 3 ; ⏲19h-1h mar, 19h-2h mer et jeu, 19h-3h ven-sam ; Ⓜ Paral·lel). Vins, cocktails, tapas et événements LGBT au Poble Sec.

Clubbing et événements

Arena Madre (www.grupoarena.com ; Carrer de Balmes 32 ; 10-12 € ; ⏲0h30-5h dim-jeu, 0h30-6h ven-sam ; Ⓜ Passeig de Gràcia). Musique, strip-tease et spectacle de drag-queens.

Metro Disco (plan p. 156 ; ☎93 323 52 27 ; www.metrodiscobcn.com ; Carrer de Sepúlveda 185 ; à partir de 5 € ; ⏲0h-5h dim-jeu, 0h-6h30 ven-sam ; Ⓜ Universitat). L'un des meilleurs clubs gays de Barcelone.

Arena Classic (☎93 487 83 42 ; www.grupoarena.com ; Carrer de la Diputació 233 ; 6-12 € ; ⏲23h-3h jeu, 23h-6h ven-sam ; Ⓜ Passeig de Gràcia). Club LGBT réputé pour ses soirées lesbiennes.

Pride Barcelona (www.pridebarcelona.org ; ⏲fin juin-début juil). Deux semaines de festivités (photo).

Sitges, la festive

Capitale espagnole de l'hédonisme LGBT, cette jolie station balnéaire se distingue par de formidables plages à orientation gay et lesbienne, un carnaval trépidant en février/mars et une Marche des fiertés en juin.

Barcelone en 4 jours

Jour 1

VOLKOVA NATALIA/SHUTTERSTOCK ©

Sortez de bonne heure pour explorer le Barri Gòtic – la **Catedral** (p. 42), la Plaça de Sant Josep Oriol, la Plaça Reial… –, puis visitez le **Museu d'Història de Barcelona** (p. 50). Gagnez **la Rambla** (p. 38) et le **Mercat de la Boqueria** (p. 44), puis déjeunez au **Cafè de l'Acadèmia** (p. 51).

Ralliez El Born, qui regorge de trésors, comme la **Basílica de Santa Maria del Mar** (p. 78), la **Carrer de Montcada** (p. 86) et le **Museu Picasso** (p. 74). Faites un saut au **Palau de la Música Catalana** (p. 84 ; photo) ou au **Mercat de Santa Caterina** (p. 84).

Régalez-vous de tapas au **Bar del Pla** (p. 81) ou à **El Xampanyet** (p. 81). Terminez la soirée au **Bar Sauvage** (p. 81) ou au **Farola** (p. 81).

Jour 2

ESME FOX/LONELY PLANET ©

Commencez par la **Sagrada Família** (p. 108), le fleuron de Gaudí toujours en chantier, où vous aurez réservé une visite guidée. Profitez-en pour voir aussi le **Recinte Modernista de Sant Pau** (p. 120 ; photo) de Domènech i Montaner. Pour le déjeuner, direction le **Passeig de Sant Joan** (p. 124) animé ou **Tapas 24** (p. 125).

D'autres édifices modernistes jalonnent le **Passeig de Gràcia** dans L'Eixample, dont la **Casa Batlló** (p. 114) et **La Pedrera** (p. 112) signées Gaudí – là encore, réservation indispensable. Le quartier est formidable pour le shopping.

Arpentez les rues quasi villageoises de Gràcia, puis commandez un vermouth à **La Vermu** (p. 143) et/ou un repas catalan à **La Pubilla** (p. 138).

SCULPTURE: EL PEIX BY FRANK GEHRY; SPATULETAIL/SHUTTERSTOCK ©

Contemplez la Méditerranée le long du **Passeig Marítim** (p. 95 ; photo), puis flânez dans la Barceloneta en vous arrêtant au **Mercat de la Barceloneta** (p. 95) avant de grignoter des tapas à **La Cova Fumada** (p. 95).

L'après-midi, remontez les siècles au **Museu d'Història de Catalunya** (p. 98) ou lézardez sur la plage – celles d'**El Poblenou** (p. 98) sont moins touristiques.

Le soir, cap sur El Poblenou pour dîner au **Can Recasens** (p. 100). Découvrez la **Rambla del Poblenou** (p. 99) et les rues environnantes, où des lieux créatifs à l'image de l'**Espai Joliu** (p. 103) témoignent de la réhabilitation du quartier. Des bars comme **Madame George** (p. 104) ou **Balius** (p. 104) invitent à prolonger la soirée.

DAN COVEY/LONELY PLANET ©

Empruntez le **téléphérique** (p. 160) qui monte à Montjuïc pour une vue panoramique, suivi d'une promenade jusqu'au **Museu Nacional d'Art de Catalunya** (p. 148), avec une pause sur la terrasse du café **Salts Montjuïc** (p. 153).

Arpentez les ruelles pentues du Poble Sec, où le **Palo Cortao** (p. 162) et **Quimet i Quimet** (p. 161) ont la faveur des gourmets. Rejoignez Sant Antoni, de plus en plus tendance, qui abrite le splendide **Mercat de Sant Antoni** (p. 158 ; photo) et la **Carrer del Parlament**.

Passez la soirée dans l'atmosphère bohème d'El Raval et profitez d'une exposition au **MACBA** (p. 63). Terminez la journée en beauté avec un dîner chez **Elisabets** (p. 61).

Les basiques

Pour plus de renseignements, voir le Carnet pratique (p. 177).

Population
1,62 million d'habitants

Devise
Euro (€)

Langues
Espagnol et catalan

Visas
UE et Suisse La carte d'identité suffit.
Canada Demande d'ETIAS obligatoire à partir de fin 2022.
Autres pays Renseignements auprès du consulat d'Espagne.

Argent
Nombreux DAB. Cartes bancaires largement acceptées.

Téléphone portable
Sans surcoût d'un pays européen à un autre, sauf pour Internet. Sur les autres téléphones, l'itinérance doit être activée.

Heure
Heure d'Europe centrale (GMT/UTC + 1 heure).

Budget quotidien

Moins de 60 €

Dortoir : 15-40 €
Menu déjeuner : à partir de 12 €
Location de vélo : 5 €/heure
Tapas : 2-4 €/pièce

60-200 €

Double standard à l'hôtel : 80-170 €
Dîner dans un restaurant (2 plats avec vin) : à partir de 25 €
Visite guidée/entrée de musée : 15-40 €

Plus de 200 €

Double dans hôtel de charme ou de luxe : à partir de 200 €
Repas dans un restaurant haut de gamme (3 plats) : 80 €
Concert au Palau de la Música Catalana : 40 € environ

Sites Web

Barcelona (www.barcelona.cat). Le portail de la municipalité incluant de nombreux liens.
Barcelona Turisme (www.barcelonaturisme.com). Le site officiel du tourisme barcelonais.
Les bons plans de Barcelone (les-bons-plans-de-barcelone.com). Une foule d'adresses et d'infos pratiques.
Miniguide (miniguide.co). Critiques tendance et conseils de résidents.
Time Out Barcelona (www.timeout.com/barcelona). Bien pour les restaurants et la vie nocturne.
Foodie in Barcelona (www.foodieinbarcelona.com). Blog gastronomique.
Lonely Planet (www.lonelyplanet.com/barcelona). Infos sur la destination, réservations hôtelières, forum de voyageurs...

Arriver à Barcelone

El Prat

Des *aerobúses* fréquents rallient le centre-ville (5,90 €, 35 minutes) de 5h35 à 1h05. Le train et le métro sont également pratiques. En taxi, comptez entre 25 et 35 €.

Gare Estació Sants

Les trains longue distance arrivent à cette grande gare proche du centre-ville et reliée par le métro aux différents quartiers de la ville. Certains bus internationaux arrivent à l'Estació d'Autobusos de Sants attenante.

Gare routière Estació del Nord

La gare d'arrivée des bus longue distance se situe à environ 1,5 km au nord-est de la Plaça Catalunya ; la station de métro Arc de Triomf est rapidement accessible à pied.

Aéroport de Girona-Costa Brava

Bus depuis/vers l'Estació del Nord (16 €, 1 heure 15).

Aeroport de Reus

Bus depuis/vers l'Estació d'Autobusos de Sants (16 €, 1 heure 45).

Comment circuler

Le métro permet de se déplacer facilement dans la ville ; les bus et trams complètent le réseau. Le billet aller simple en Zone 1 coûte 2,40 €, la Targeta Casual de 10 trajets, 11,35 €. Tard le soir, mieux vaut prendre le taxi.

Métro

De 5h à minuit du dimanche au jeudi, jusqu'à 2h le vendredi, en continu le samedi.

Bus

Presque toutes les lignes de bus circulent très régulièrement d'environ 6h à 23h.

Taxi

Les taxis peuvent être hélés dans la rue ou bien réservés par téléphone ou via une application.

Vélo

Barcelone compte plus de 200 km de pistes cyclables et de nombreux loueurs de vélos.

Téléphérique

Deux téléphériques montent jusqu'en haut de la colline de Montjuïc.

Les quartiers

Gràcia et le Park Güell (p. 131)
Au nord du "village" de Gràcia s'étend l'une des plus fascinantes créations de Gaudí.

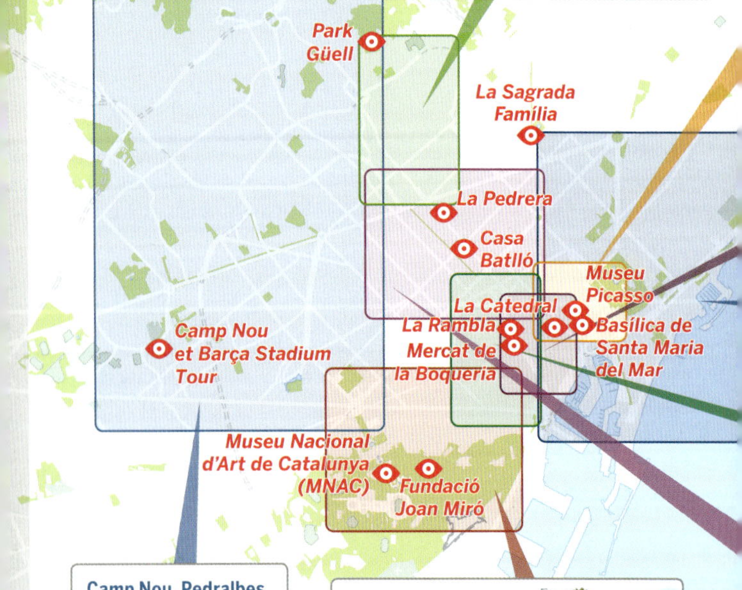

Camp Nou, Pedralbes et la Zona Alta (p. 167)
On y trouve le stade du FC Barcelone, un monastère du XIVe siècle, les pentes plantées de pins du Tibidabo et le joli village de Sarrià.

Montjuïc, Poble Sec et Sant Antoni (p. 147)
Montjuïc abrite musées, forteresse et jardins, tandis que le Poble Sec et Sant Antoni constituent des enclaves branchées.

La Ribera et El Born (p. 73)

Beau patrimoine architectural, boutiques originales et bars à tapas/cocktails tendance, formidable marché de quartier et Museu Picasso.

La Rambla et le Barri Gòtic (p. 37)

Le cœur historique de la ville avec ruelles médiévales et édifices monumentaux, sans oublier le fameux marché de la Boqueria.

La Barceloneta, le front de mer et El Poblenou (p. 93)

Barcelone d'hier et d'aujourd'hui, avec sa vieille culture de la pêche, ses plages et son nouveau quartier qui monte.

El Raval (p. 59)

Le coin le plus multiculturel de Barcelone, siège de bars et restaurants animés, de galeries d'art pointues et d'une œuvre surprenante de Gaudí.

La Sagrada Família et L'Eixample (p. 107)

Découvrez les trésors modernistes, de larges boulevards, de remarquables bars et restaurants et un paradis pour les amateurs de shopping.

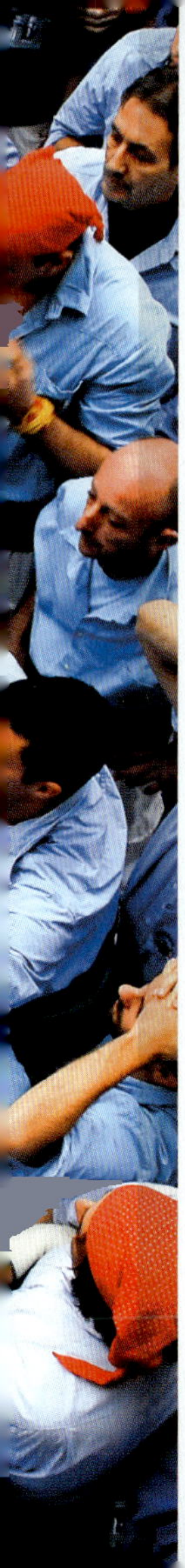

Explorer Barcelone

Itinéraires

Castell (pyramide humaine) traditionnel lors de la Festa Major de Gràcia (p. 144) SERGI ESCRIBANO/GETTY IMAGES©

Explorer

La Rambla et le Barri Gòtic

Avenue piétonne la plus célèbre de Barcelone, la Rambla rassemble une foule de touristes, locaux et faux artistes (soyez sur vos gardes !). Non loin, le Barri Gòtic (quartier gothique) forme un lacis de ruelles pavées bordées de magasins, de bars et de restaurants où se cachent de véritables trésors – vestiges de la période romaine ou églises gothiques du XIVe siècle.

Notre sélection

- ***Cathédrale (p. 42)****. La visite des chapelles et du cloître de ce chef-d'œuvre gothique, suivi d'une balade dans le Call (ancien quartier juif).*
- ***Museu d'Història de Barcelona (p. 50)****. Les vestiges souterrains de la cité romaine de Barcino.*
- ***Mercat de la Boqueria (p. 44)****. Faire un tour parmi les étals de produits frais et grignoter des tapas.*
- ***Museu Frederic Marès (p. 50)****. Une remarquable collection de sculptures espagnoles du Moyen Âge au XIXe siècle et d'objets en lien avec la société catalane.*
- ***La Rambla (p. 38)****. Les édifices historiques, les étals de fleuristes et les artistes de rue de l'artère la plus célèbre de Barcelone.*

Comment s'y rendre et circuler

M Catalunya, Liceu, Drassanes, Jaume I et Urquinaona.

L'arrêt des navettes pour l'aéroport et des bus de nuit se trouve sur la Plaça de Catalunya.

Il est plus facile de prendre un taxi sur la Rambla ou la Plaça de Catalunya.

Plan du quartier p. 48

Carrer de Montjuïc del Bisbe, Barri Gòtic (p. 46) DAVID J. LEW/500PX ©

Les incontournables

La Rambla

L'artère emblématique de Barcelone est une fenêtre sur la culture catalane en même temps qu'un haut lieu touristique. Un vaste échantillon de la société se presse, au quotidien, dans sa large allée centrale à l'ombre des arbres, réservée aux piétons. Marchands ambulants, musiciens et artistes de rue forment un décor en perpétuel mouvement sur fond d'églises, de théâtres et d'édifices à l'architecture surprenante.

PLAN P. 48, C6

M Catalunya, Liceu ou Drassanes

Histoire

La Rambla doit son nom à un ruisseau saisonnier (*ramla* en arabe) qui y coulait jadis. Au Moyen Âge, elle fut appelée *Cagalell* (ruisseau d'excréments) et demeura hors des murs de la ville jusqu'au XIVe siècle. Des monastères y furent construits (et beaucoup détruits plus tard), puis des demeures pour nantis entre le XVIe et le début du XIXe siècle. Officieusement, la Rambla est divisée en cinq parties, d'où l'utilisation courante du pluriel "Las Ramblas" (Les Rambles en catalan).

L'attaque terroriste qui a fait 14 morts en 2017 n'a pas entamé la popularité du lieu auprès des visiteurs, ni l'activité des marchands ambulants et des artistes de rue.

La Rambla de Canaletes

Le tronçon initial qui part du sud de la Plaça de Catalunya porte le nom de la **Font de Canaletes** (La Rambla ; M Catalunya), une modeste fontaine d'eau potable du début du XXe siècle surmontée d'un lampadaire. C'est là que les supporters de football en liesse se rassemblent lorsque le FC Barcelone remporte une victoire.

La Rambla dels Estudis

L'"Avenue des Études", qui s'étire de la Carrer de la Canuda à la Carrer de la Portaferrissa au sud, doit son nom à l'université fondée ici au XVe siècle.

Església de Betlem

À l'intersection de La Rambla et de la Carrer del Carme, cette **église** (☎ 93 318 38 23 ; www.mdbetlem.net ; Carrer d'en Xuclà 2 ; ⌚ 8h30-13h30 et 18h-21h ; M Liceu) fut considérée jadis comme le plus bel édifice baroque de la ville. Construite par les Jésuites entre la fin du XVIIe et le début du XVIIIe siècle en remplacement d'une église du XVe siècle

★ À savoir

- C'est au petit matin que l'on profite au mieux de la Rambla, avant l'arrivée des passagers des bateaux de croisière.
- Surveillez vos affaires en permanence et portez votre sac à dos devant vous : les pickpockets aiment la Rambla autant que les touristes.

✕ Une petite pause ?

Pour un vrai repas à table, choisissez l'un des nombreux restaurants de la Plaça Reial (p. 47), ou essayez Elisabets (p. 61) dans El Raval.

Pour prendre un café, arrêtez-vous au **Café de l'Òpera** (☎ 93 317 75 85 ; www.cafeoperabcn.com ; La Rambla 74 ; ⌚ 8h30-2h30 ; 📶 ; M Liceu) ou rejoignez le Bar Central (p. 65), plus tendance, dans les profondeurs d'El Raval.

détruite par un incendie en 1671, elle fut elle-même brûlée en 1936 par des anarchistes, pendant la guerre civile.

Palau Moja
Surplombant la partie est de la Rambla, le **palais Moja** (www.palaumoja.com ; Carrer de Portaferrissa 1 ; entrée libre ; 10h-21h tlj, café 9h-0h lun-ven, 11h-0h sam-dim ; M Liceu) de style néoclassique date de la seconde moitié du XVIIIe siècle. Il abrite un centre consacré au patrimoine catalan et un office du tourisme bien fourni.

La Rambla de Sant Josep

S'étendant de la Carrer de la Portaferrissa à la Plaça de la Boqueria, la Rambla de Sant Josep (du nom d'un monastère disparu) est bordée de stands de fleuristes, d'où son surnom de "Rambla de les Flors".
Le Mercat de la Boqueria (p. 44), très animé, se tient du côté ouest.

Palau de la Virreina
Rare exemple de style rococo à Barcelone (avec quelques éléments néoclassiques), cette majestueuse demeure du XVIIIe siècle accueille désormais le **Centre de la Imatge** (93 316 10 00 ; ajuntament.barcelona.cat ; La Rambla 99 ; entrée libre ; 11h-20h mar-dim ; M Liceu) où ont lieu des expositions temporaires de photos.

Mosaïc de Miró et mémorial
Sur la Plaça de la Boqueria, on peut marcher sur une **mosaïque**

Casa Bruno Cuadros sur la Rambla

(M Liceu) réalisée en 1976 par Miró, qui était né dans le Passatge del Crèdit voisin. Juste à côté, un **mémorial** de 12 m de long gravé de messages antiviolence en différentes langues rend hommage aux 14 victimes de l'attaque terroriste de 2017 sur la Rambla.

Casa Bruno Cuadros

Remodelé en 1883 par Josep Vilaseca, l'immeuble de l'ancienne boutique Casa dels Paraigües (maison des Parapluies ; La Rambla 82 ; M Liceu) arbore en façade des parapluies en fonte, un dragon chinois et des motifs égyptiens.

Escribà

Des chocolats, des pâtisseries et des gâteaux qui mettent l'eau à la bouche vous attendent derrière la façade d'**Escribà** (93 301 60 27 ; www.escriba.es ; La Rambla 83 ; 9h-21h ; ; M Liceu), tenu par la famille du même nom et synonyme de gourmandise. Uni institution qui donne une touche d'authenticité à la Rambla.

La Rambla dels Caputxins

La Rambla dels Caputxins, baptisée d'après un ancien monastère, va de la Plaça de la Boqueria à la Carrer dels Escudellers, rue qui doit son nom à la corporation des potiers fondée au XIIIe siècle. Le Gran Teatre del Liceu (p. 55) se dresse du côté ouest ; la Plaça Reial (p. 47) s'étend au sud-est. Au-delà de cette place, la Rambla perd beaucoup de son attrait.

Éviter la foule

À l'instar de la plupart des coins touristiques de Barcelone, la Rambla a des allures de grande foire où l'on se bouscule. Pour profiter de ce boulevard arboré, mieux vaut arriver vers 8h, avant l'affluence. Sinon, on peut toujours se rabattre sur les *rambles* (promenades plantées) plus tranquilles d'autres quartiers, comme la Rambla del Raval (p. 65) ou la Rambla del Poblenou (p. 99).

La Rambla de Santa Mónica

La dernière section de la Rambla s'élargit à l'approche du Mirador de Colom qui surplombe Port Vell. Cette section de l'avenue doit son nom à l'ancien couvent Santa Mònica, qui abrite désormais le **Centre d'Art Santa Mònica** (93 316 28 10 ; artssantamonica.gencat.cat ; La Rambla 7 ; entrée libre ; 11h-21h mar-sam, 11h-19h dim avr-oct, 10h-20h mar-sam, 10h-19h dim nov-mars ; M Drassanes).

Les incontournables

La cathédrale

Principal lieu de culte catholique à Barcelone, la splendide cathédrale de la Santa Creu i Santa Eulàlia, surnommée "la Seu" par les Catalans, fut édifiée entre 1298 et 1460. Sa riche façade (réalisée à la fin du XIXe siècle en respectant les plans d'origine), dentelle de pierre évoquant le gothique de l'Europe du Nord, la distingue des autres églises de la ville.

PLAN P. 48, D3

www.catedralbcn.org

Plaça de la Seu

7 €, toit ou chœur 3 €, salle capitulaire 2 €

12h30-19h45 lun-ven, 12h30-17h30 sam, 14h-17h30 dim

M Jaume I

Intérieur et toits

La cathédrale ayant été l'une des rares églises de la ville épargnée par les anarchistes durant la guerre civile, elle a conservé intact son décor intérieur sans ostentation. De gracieux piliers élancés séparent la nef centrale des bas-côtés. Au milieu du vaisseau central, le chœur (3 €, fermé lors des offices) a conservé ses stalles finement sculptées à la fin du XIVe siècle. En avant du maître-autel, un large escalier descend dans la crypte qui renferme la tombe de sainte Eulalie (XIVe siècle), l'une des deux saintes patronnes de Barcelone.

Les deux tours octogonales de style gothique catalan et les toits offrant une vue plongeante sur Barcelone sont desservis par l'ascenseur (3 €) de la Capella del Sants Innocents.

Cloître

Du transept sud-ouest, une porte en partie romane jouxtant les sépultures du comte Raimond-Bérenger Ier de Barcelone et de son épouse Almodis de la Marche, fondateurs de l'église originelle, conduit au cloître (*claustre*). Des oies y déambulent au milieu de la verdure et des fontaines. Depuis le Moyen Âge, ces treize palmipèdes rappellent le très jeune âge de sainte Eulalie lors de son martyre. À l'angle nord-ouest, la **Capella de Santa Llúcia** est l'un des rares vestiges de la ville romane, bien que l'intérieur soit en grande partie gothique.

Casa de l'Ardiaca

En face de la cathédrale, la **"maison de l'Archidiacre"** (Arxiu Històric ; ☎93 256 22 55 ; ajuntament.barcelona.cat ; Carrer de Santa Llúcia 1 ; entrée libre ; ⏱9h-19h30 lun-ven, 10h-19h30 sam ; Ⓜ Jaume I), construite au XVIe siècle et rénovée en 1902 par Lluis Domènech i Montaner, abrite les archives municipales depuis les années 1920.

★ À savoir

- Cela vaut la peine d'opter pour la visite payante afin d'éviter la foule et d'apprécier plus tranquillement la splendeur de l'édifice.
- Des spectacles de *sardane* (danse catalane) ont lieu le samedi à 18h et le dimanche à 11h sur la place devant la cathédrale.

✕ Une petite pause ?

Rendez-vous sur la Placeta de Manuel Ribé, dans l'ancien quartier juif, où Salterio (p. 54) sert du thé à la menthe parfumé et Levante (p. 53) une cuisine mariant les saveurs méditerranéennes et moyen-orientales.

Les becs sucrés se jetteront sur les churros de la **Xurreria** (☎93 318 76 91 ; Carrer dels Banys Nous 8 ; cornet de beignets 1-2 € ; ⏱7h-13h30 et 15h30-20h15 lun, mar, jeu et ven, 7h-14h et 16h-20h30 sam, 7h-14h30 et 16h30-20h30 dim ; Ⓜ Liceu).

Les incontournables

Mercat de la Boqueria

Une visite au Mercat de la Boqueria, le marché central de Barcelone, constitue une expérience sensorielle unique. D'influence moderniste, le bâtiment construit entre 1840 et 1914, n'a rien à envier à ce qu'il contient. Certes l'endroit a pris une tournure touristique, mais la partie du fond, avec ses étals de fruits et légumes, de fromages, de viandes et de produits de la mer a conservé son âme.

PLAN P. 48, B4

93 318 20 17

www.boqueria.barcelona

La Rambla 91

8h-20h30 lun-sam

M Liceu

Histoire

Il y aurait eu dès 1217 un marché à cet emplacement qu'occupa ensuite le monastère Sant Josep jusqu'aux émeutes de 1835 où il partit en fumée. Les étals réinvestirent alors les lieux et la halle actuelle fut inaugurée en 1840. La porte en fer moderniste ornée de vitraux fut ajoutée en 1914. Malgré l'orientation touristique actuelle, certains Barcelonais continuent de faire leurs courses ici.

Spécialités catalanes

La Boqueria compte quelques tables animées sans prétention, souvent tenues par des patrons charismatiques. C'est l'occasion de goûter quelques spécialités catalanes, comme le *bacallà salat* (morue), les *calçots* (variété d'oignons doux), les *cargols* (escargots), les *peus de porc* (pieds de cochon) ou les *percebes* (pouces-pieds).

Nombre de restaurateurs réputés continuent à s'approvisionner à la Boqueria, bien qu'il soit devenu compliqué de se frayer un chemin au milieu des curieux jusqu'au filet de sole ou au fromage de chèvre des Asturies convoité.

Fruits de mer et charcuterie

Par-delà les stands de jus de fruits et de chocolats fantaisie ciblant les touristes, la halle au poisson au centre de la Boqueria reste la gardienne des traditions. Couteaux et crevettes roses, saumon, loup et espadon, tous sont frais pêchés.

Joan, La Llar del Pernil (✆93 317 95 29 ; stands 667-671 ; ⏲8h-15h mar-jeu, 8h-19h lun-ven, 7h30-16h sam) vend le meilleur jambon cru (*pernil/jamón* en catalan/espagnol) de la ville et autres charcuteries. La spécialité de la maison est le *jamón ibérico de bellota*, préparé à partir de porcs élevés en plein air et nourris exclusivement de glands.

★ À savoir

- Arrivez-tôt pour éviter la foule de visiteurs qui se bousculent dans la halle. Sinon, le Mercat de Sant Antoni (p. 158) et le Mercat de Santa Caterina (p. 84) sont des marchés moins fréquentés.
- De nombreux stands, notamment ceux de poisson, ferment le lundi.
- Demandez la permission aux marchands avant de les prendre en photo et, si possible, achetez-leur quelque chose.

✕ Une petite pause ?

Pour un bon repas à la Boqueria, choisissez **El Quim** (✆93 301 98 10 ; www.elquimdelaboqueria.com ; tapas 3-5 €, plats 10-26 € ; ⏲12h-16h lun et mer, 8h-16h mar et jeu, 8h-17h ven-sam).

Au **Bar Pinotxo** (✆93 317 17 31 ; www.pinotxobar.com ; tapas 4-16 € ; ⏲6h30-16h lun-sam), vous serez en prise directe avec l'atmosphère du marché.

Promenade à pied

Trésors cachés du Barri Gòtic

Cette promenade à travers le Barri Gòtic vous ramènera des siècles en arrière, au temps de la colonie romaine de Barcino et de la splendeur médiévale de Barcelone. Le XXe siècle aussi a laissé sa marque sur le quartier, sous la forme de créations artistiques ou de cicatrices tragiques héritées de la guerre civile.

Itinéraire

Départ Collegi d'Arquitectes ; Ⓜ Jaume I

Arrivée Plaça del Rei ; Ⓜ Jaume I

Distance 1,5 km

Durée 2 heures

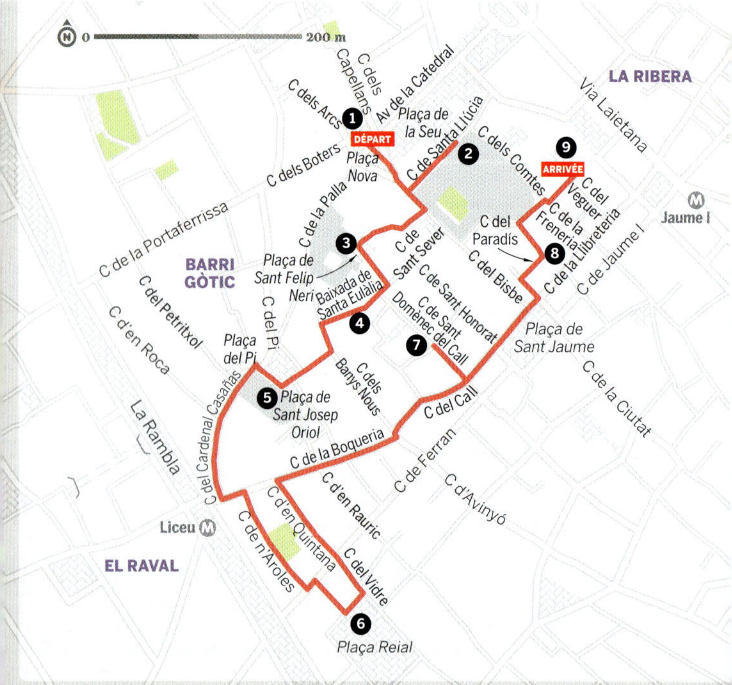

❶ Fresque de Picasso

Sur la Plaça Nova, admirez la fresque monumentale de Picasso (1962) sur la façade de 1931 du **Col•legi d'Arquitectes** (école d'architecture ; arquitectes.cat ; Plaça Nova ; P ; M Jaume I). Elle représente les fêtes méditerranéennes.

❷ Cathédrale

La **Catedral** (p. 42) est l'une des rares églises de Barcelone épargnée par les anarchistes durant la guerre civile. Ne manquez pas le cloître.

❸ Plaça de Sant Felip Neri

En quittant la cathédrale par le cloître, tournez à droite puis à gauche dans la Carrer de Montjuïc del Bisbe qui débouche sur la **Plaça de Sant Felip Neri** (M Jaume I, Liceu). La vieille église porte des traces d'obus franquistes datant de 1938.

❹ Sainte Eulalie

Au sud de la place, suivez la Carrer San Felip Neri, puis prenez à droite la Baixada de Santa Eulàlia, où se trouve une petite **statue de sainte Eulalie**, l'une des saintes patronnes de Barcelone, qui subit le martyre.

❺ Basílica de Santa Maria del Pi

Dirigez-vous vers l'ouest jusqu'à l'imposante **Basílica de Santa Maria del Pi** (☎ 93 318 47 43 ; www.basilicadelpi.cat ; Plaça del Pi ; tarif plein/réduit/-8 ans 4,50/3,50 €/gratuit ; ⏲10h-18h ; M Liceu) du XIVe siècle, célèbre pour sa magnifique rosace.

❻ Plaça Reial

Descendez jusqu'à la **Plaça Reial** (M Liceu), l'une des plus jolies places de Barcelone. Les lampadaires de la fontaine ont été dessinés par Gaudí.

❼ Sinagoga Major

Remontez au nord jusqu'à la Carrer de la Boqueria et tournez à gauche dans la Carrer de Salomó Ben Adret qui conduit dans **El Call**, le cœur du quartier médiéval juif jusqu'au pogrom de 1391. La **Sinagoga Major**, l'une des plus anciennes d'Europe, y a été redécouverte en 1996.

❽ Temple romain

Traversez la Plaça de Sant Jaume et tournez à gauche après la Carrer del Paradís, où se trouvent les vestiges du **temple d'Auguste** (☎ 93 256 21 22 ; www.muhba.cat ; Carrer del Paradís 10 ; gratuit ; ⏲10h-14h lun, 10h-19h mar-sam, 10h-20h dim ; M Jaume I) : quatre colonnes romaines dissimulées dans une petite cour.

❾ Plaça del Rei

C'est sur la grandiose **Plaça del Rei** (M Jaume I) que les Rois catholiques reçurent Christophe Colombus au retour de son premier voyage aux Amériques. Leur ancien palais accueille le **Museu d'Història de Barcelona** (p. 50).

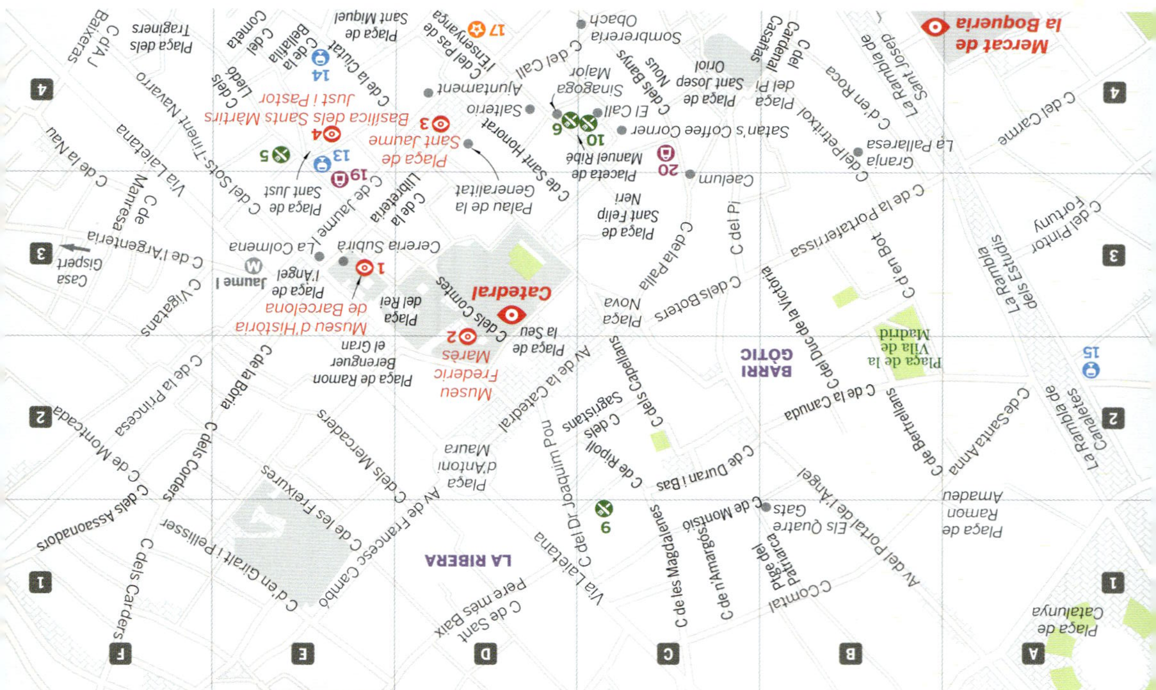

Mercat de la Boqueria
Catedral
Museu d'Història de Barcelona
Museu Frederic Marès
Plaça de Sant Jaume
Basílica dels Sants Màrtirs Just i Pastor
LA RIBERA
BARRI GÒTIC
Plaça de Catalunya
La Rambla de Canaletes
La Rambla dels Estudis
La Rambla de Sant Josep
Plaça de Ramon Amadeu
C de Santa Anna
C de Bertrellans
Plaça de la Vila de Madrid
C de la Canuda
C del Duc de la Victòria
C d'en Bot
C de la Portaferrissa
C del Pintor Fortuny
C del Carme
Av del Portal de l'Àngel
Els Quatre Gats
Ptge del Patriarca
C Comtal
C de Montsió
C de n'Amargós
C de les Magdalenes
C de Duran i Bas
C de Ripoll
C dels Sagristans
C dels Capellans
C del Dr Joaquim Pou
Via Laietana
C de Sant Pere més Baix
Av de la Catedral
Plaça de la Seu
C dels Comtes
Plaça Nova
C dels Boters
C de la Palla
C del Pi
Plaça de Sant Felip Neri
Placeta de Manuel Ribé
Caelum
Satan's Coffee Corner
El Call
Sinagoga Major
C dels Banys Nous
Plaça de Sant Josep Oriol
Plaça del Pi
C del Cardenal Casañas
C del Petritxol
Granja La Pallaresa
C d'en Roca
Sombrereria Obach
C del Call
Ajuntament
Salterio
C de Sant Honorat
Palau de la Generalitat
C del Pas de l'Ensenyança
Plaça de Sant Miquel
C de la Ciutat
C de la Bellafila
C del Cometa
C dels Lledó
Plaça dels Traginers
C d'A J Baixeras
C del Sots-Tinent Navarro
Via Laietana
C de la Nau
C de Manresa
C de l'Argenteria
Casa Gispert
C Vigatans
Jaume I
Plaça de l'Àngel
La Colmena
Cereria Subirà
C de Jaume I
C de la Llibreteria
Plaça de Sant Just
Plaça del Rei
Plaça de Ramon Berenguer el Gran
C de la Princesa
C de la Bòria
C de Montcada
C dels Corders
C dels Assaonadors
C dels Carders
C d'en Giralt i Pellisser
C de les Freixures
C dels Mercaders
Av de Francesc Cambó
Plaça d'Antoni Maura
1
2
3
4
5
6
9
10
13
14
15
17
19
20
A
B
C
D
E
F

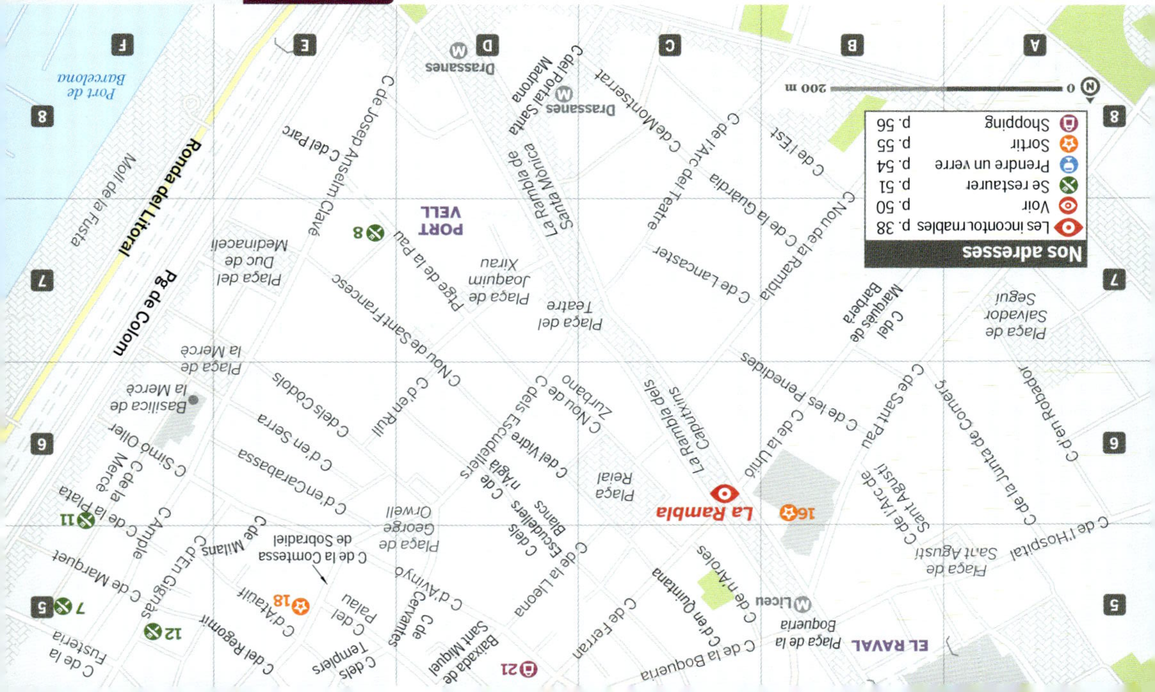
Nos adresses
Les incontournables p. 38
Voir p. 50
Se restaurer p. 51
Prendre un verre p. 54
Sortir p. 55
Shopping p. 56
0 200 m
La Rambla
EL RAVAL
PORT VELL
Port de Barcelona
Ronda del Litoral
Pg de Colom
Moll de la Fusta
La Rambla dels Caputxins
La Rambla de Santa Mònica
Plaça Reial
Plaça del Teatre
Plaça de la Boqueria
Plaça de Sant Agustí
Plaça de Salvador Seguí
Plaça de George Orwell
Plaça de Joaquim Xirau
Plaça del Duc de Medinaceli
Plaça de la Mercè
Basílica de la Mercè
Liceu
Drassanes
C de l'Hospital
C de la Junta de Comerç
C d'en Robador
C de Sant Pau
C de l'Arc de Sant Agustí
C del Marquès de Barberà
C de les Penedides
C de la Unió
C de n'Aroles
C d'en Quintana
C de la Boqueria
C de Ferran
C de la Rambla
C Nou de la Rambla
C de la Guàrdia
C de l'Est
C de Lancaster
C de l'Arc del Teatre
C deMontserrat
C del Portal Santa Madrona
C Nou de Zurbano
C del Vidre
C dels Escudellers
C de n'Aglà
C dels Escudellers Blancs
C de la Lleona
Baixada de Sant Miquel
C de Cervantes
C d'Avinyó
C dels Templers
C del Palau
C de la Comtessa de Sobradiel
C d'Ataülf
C del Regomir
C de Milans
C d'En Gignàs
C de Marquet
C de la Fusteria
C Ample
C de la Plata
C de la Mercè
C Simó Oller
C d'enCarabassa
C d'en Serra
C dels Còdols
C d'en Rull
C Nou de Sant Francesc
Ptge de la Pau
C de Josep Anselm Clavé
C del Parc
A B C D E F
5 6 7 8
7 11 12 18 16 21 8

Voir

Museu d'Història de Barcelona MUSÉE

1 PLAN P. 48, E3

Ce musée, l'un des plus fascinants de Barcelone, vous fera remonter les siècles jusqu'aux origines de la ville romaine de Barcino. Naviguez parmi les vestiges de rues, égouts, blanchisseries, fabriques de vin et poissonneries datant de la création de la ville par l'empereur Auguste vers l'an 10 av. J.-C. Le bâtiment à lui seul est impressionnant : il faisait jadis partie du Palau Reial Major (Grand Palais royal) de la Plaça del Rei (p. 47), entre autres sites clés du pouvoir princier médiéval à Barcelone. (MUHBA ; 93 256 21 00 ; ajuntament.barcelona.cat/museuhistoria ; Plaça del Rei ; tarif plein/réduit/enfant 7/5 €/gratuit, gratuit 1er dim du mois et 15h-20h dim ; 10h-19h mar-sam, 10h-20h dim ; M Jaume I)

Museu Frederic Marès MUSÉE

2 PLAN P. 48, D2

Ce vaste ensemble médiéval, qui faisait partie du palais des comtes de Barcelone, renferme à présent la curieuse collection d'art religieux et d'antiquités amassée par le sculpteur Frederic Marès i Deulovol (1893-1991), par ailleurs un voyageur fortuné. Un blason fatigué atteste que

El Call, l'ancien quartier juif

El Call (prononcez "caille", sans doute de l'hébreu *kahal*, communauté), le quartier juif médiéval qui prospéra jusqu'au tragique pogrom du XIVe siècle, figure parmi les secteurs les plus pittoresques de la Ciutat Vella. Ses étroites ruelles dissimule une **synagogue** (plan p. 48, D4 ; 93 317 07 90 ; www.sinagogamayor.com ; Carrer de Marlet 5 ; adulte/enfant 3,50 €/gratuit ; 10h30-14h30 et 15h45-18h30 lun-ven, 10h30-15h dim approx nov-mars, 10h30-18h30 lun-ven, jusqu'à 15h dim approx avr-oct ; M Liceu), l'une des plus anciennes d'Europe dont les fondations remonteraient au Ve siècle, et la **maison** (plan p. 48, C4 ; 93 256 21 22 ; ajuntament.barcelona.cat/museuhistoria ; Placeta de Manuel Ribé ; tarif plein/réduit/enfant 2/1,50 €/gratuit, entrée libre 15h-19h dim et 1er dim du mois ; 11h-14h mer, 11h-19h sam-dim ; M Jaume I) d'un tisserand juif du nom de Yusef Bonhiac. Le **Call Major** ("Grand Call") était délimité par la Carrer del Call, la Carrer dels Banys Nous, la Baixada de Santa Eulàlia et la Carrer de Sant Honorat. Le **Call Menor** ("Petit Call") s'étendait quant à lui au-delà de l'actuelle Carrer de Ferran, jusqu'à la Baixada de Sant Miquel et la Carrer d'en Rauric.

le lieu fut aussi un temps le siège de l'Inquisition espagnole à Barcelone. (☎93 256 35 00 ; www.museumares.bcn.cat ; Plaça de Sant Iu 5 ; tarif plein/réduit/-16 ans 4,20/2,40 €/gratuit, gratuit 1er dim du mois et 15h-20h dim ; 10h-19h mar-sam, 11h-20h dim ; M Jaume I)

Plaça de Sant Jaume PLACE

3 PLAN P. 48, D4

Depuis l'époque romaine, cette place maintes fois remaniée occupant le site de l'ancien forum constitue l'épicentre de la vie civique barcelonaise. S'y déroulent notamment les grandes fêtes traditionnelles. De part et d'autre de la place se tiennent au nord le **Palau de la Generalitat** (presidencia.gencat.cat), siège du gouvernement régional de Catalogne, et au sud l'**Ajuntament** (Casa de la Ciutat ; plan p. 48, D4 ; ☎93 402 70 00 ; www.barcelona.cat ; Plaça de Sant Jaume ; entrée libre ; 10h-14h dim ; M Jaume I), mairie de Barcelone. (M Jaume I)

Basílica dels Sants Màrtirs Just i Pastor ÉGLISE

4 PLAN P. 48, E4

Cette basilique de style gothique catalan construite en 1342 s'élève à l'emplacement d'une église paroissiale remontant au moins au IXe siècle. Sa nef unique, flanquée de chapelles entre les contreforts, comporte quelques beaux vitraux. On peut monter au sommet du clocher (fermé dim) pour jouir d'une vue imprenable sur le centre historique. Sur la placette devant, décor du film *Le Parfum, histoire d'un meurtrier* (2006) tiré du bestseller de Patrick Süskind, se dresse la doyenne des fontaines gothiques de la ville. (☎93 301 74 33 ; www.basilicasantjust.cat ; Plaça de Sant Just ; 11h-14h et 17h-21h lun-sam, 10h-13h dim ; M Jaume I)

Se restaurer

Cafè de l'Acadèmia CATALAN €€

5 PLAN P. 48, E4

Des plats traditionnels catalans bien réalisés avec une touche de créativité et d'excellents vins régionaux expliquent le succès de ce restaurant à poutres et pierres apparentes comportant une terrasse sur la Plaça de Sant Just. Les employés de l'hôtel de ville qui se pressent au déjeuner optent pour le *menú del día* (16 €, ou 12 € au bar), composé de plats tels que salade aux poires et au parmesan, riz aux légumes et au *mahón* (fromage de Minorque) ou sole grillée. (☎93 319 82 53 ; cafedelaacademia@hotmail.com ; Carrer dels Lledó 1 ; plats 10-20 € ; 13h-16h et 20h-21h lun-ven, fermé août ; ; M Jaume I)

La Vinateria del Call ESPAGNOL €€

6 PLAN P. 48, D4

Profitant d'un cadre magique dans l'ancien quartier juif, ce petit bijou propose une délicieuse cuisine ibérique à base de produits locaux extrafrais. Au menu : poulpe

Els Quatre Gats

Ancien repaire des artistes modernistes de Barcelone, **Els Quatre Gats** ("Les Quatre Chats" ; plan p. 48, B1 ; 93 302 41 40 ; www.4gats.com ; Carrer de Montsió 3 ; plats 18-38 € ; restaurant 13h-16h et 19h-0h, café 9h-1h ; M Urquinaona) constitue un remarquable exemple de ce style, au-dedans comme au-dehors. Le décor intérieur (1897), rehaussé de couleurs et de carreaux à motifs, est l'œuvre de Josep Puig i Cadafalch. La cuisine catalane (viandes grillées, plats à base de riz, tapas de fruits de mer) s'avère moins inspirée, mais on peut se contenter d'un café et d'un croissant.

à la galicienne, chorizo au cidre, *truites* (omelettes) et *escalivada* (aubergines, oignons et poivrons rôtis). Des fromages artisanaux de toute l'Espagne et un superbe choix de vins complètent l'offre. Les portions, petites, sont faites pour être partagées. Service impeccable. (93 302 60 92 ; www.lavinateriadelcall.com ; Carrer de Sant Domènec del Call 9 ; petites assiettes 7-18 € ; 19h30-1h ; ; M Jaume I)

Belmonte

TAPAS €€

7 PLAN P. 48, F5

Tenue par deux sœurs accueillantes dans le sud du Barri Gòtic, cette bodega sans esbroufe sert des tapas tarragonaises préparées avec talent à partir d'ingrédients provenant du potager familial. Goûtez la *truita*, les *patatons* (pommes de terre nouvelles) sauce *romesco* ou le carpaccio de piments et courgettes au chèvre arrosé d'huile d'olive. Vermouth maison en prime (2,75 €). (93 310 76 84 ; Carrer de la Mercè 29 ; tapas 5-12 € ; 19h-0h mar-jeu, 13h-15h30 et 19h-0h ven-sam ; ; M Jaume I)

Federal

CAFÉ €

8 PLAN P. 48, E7

D'abord installé à Sant Antoni (p. 155), le Federal a désormais plusieurs enseignes à Barcelone, dont cet espace vitré en brique apparente au cadre industriel chic, avec des piles de magazines de déco et des MacBooks ouverts un peu partout. On y fait la queue pour déguster des brunchs créatifs aux accents australiens (œufs cocotte aux épinards et au gruyère, toast à l'avocat accompagné d'houmous de carotte, pain perdu à la compote de fruits rouges...). (93 280 81 71 ; www.federalcafe.es ; Passatge de la Pau 11 ; plats 7-10 € ; 9h-23h lun-sam, 9h-17h dim ; ; M Drassanes)

Koy Shunka

JAPONAIS €€€

9 PLAN P. 48, C1

Dans une ruelle au nord de la cathédrale, le restaurant étoilé au Michelin du chef Hideki Matsuhisa réserve de véritables sensations gustatives à la mode nippone. D'alléchants sushi, sashimi, bœuf Wagyu et salades d'algues côtoient des plats fusion inventifs. Ne manquez pas le *toro* (ventrêche ou thon gras), spécialité de la maison. (☎93 412 79 39 ; www.koyshunka.com ; Carrer de Copons 7 ; menus dégustation 93-137 € ; 🕙13h30-14h30 et 20h30-22h30 mar-sam ; Ⓜ Urquinaona)

Levante

MÉDITERRANÉEN **€€**

10 PLAN P. 48, C4

Les tapas/mezze de ce restaurant confortable et lumineux du vieux Call marient délicatement les saveurs de la Méditerranée et du Moyen-Orient : salade de carottes grillées aux épices, *shakshuka* relevée de coriandre, houmous aux grains de grenade et rondelles de kumquat... Les options végétariennes et véganes abondent, de même que les vins naturels. L'intérieur stylé au sol en béton poli s'agrémente de plantes suspendues. Parfait pour bruncher. (☎93 858 26 79 ; www.bistrotlevante.com ; Placeta de Manuel Ribé 1 ; plats 10-13 € ; 🕙10h-0h ; 🌶 ; Ⓜ Jaume I)

La Plata

TAPAS **€**

11 PLAN P. 48, F6

Dans une rue étroite proche du front de mer, cette modeste bodega aux murs carrelés mise depuis 1945 sur le même quarté gagnant qui garantit sa popularité – *pescadito frito* (poisson frit), *butifarra* (saucisse), anchois et salade de tomates –, le tout arrosé

Els Quatre Gats

Les cafés du Barri Gòtic

Caelum (plan p. 48, C3 ; 93 302 69 93 ; www.facebook.com/CaelumBarcelona ; Carrer de la Palla 8 ; 10h-20h30 lun-jeu, 10h-21h ven-dim ; ; Liceu). Des pâtisseries confectionnées par des religieuses à déguster sous les voûtes d'une cave médiévale.

Salterio (plan p. 48, D4 ; 93 302 50 28 ; www.facebook.com/teteriasalterio ; Carrer de Salomó Ben Adret 4 ; 12h-0h ; ; Jaume I). Thé à la menthe marocain, café turc et *sardo* (sorte de fine pizza grillée).

Satan's Coffee Corner (plan p. 48, C4 ; 666 222 599 ; www.satanscoffee.com ; Carrer de l'Arc de Sant Ramón del Call 11 ; 9h-18h lun-ven, 10h-18h sam-dim ; Liceu, Jaume I). Une adresse anticonformiste qui s'approvisionne chez le torréfacteur barcelonais Right Side Coffee.

Granja La Pallaresa (plan p. 48, B4 ; 93 302 20 36 ; Carrer del Petritxol 11 ; 9h-13h et 16h-21h lun-sam, 9h-13h et 17h-21h dim, fermé juil ; ; Liceu). Le spécialiste des *xurros* (churros) croustillants, en activité depuis les années 1940.

de vermouth et de vins corrects à prix abordable. (93 315 10 09 ; www.barlaplata.com ; Carrer de la Mercè 28 ; tapas 2,50-5 € ; 10h-15h15 et 18h15-23h lun-sam ; Jaume I)

Milk

INTERNATIONAL €

12 PLAN P. 48, F5

Également connu pour ses cocktails, ce bar tenu par des Irlandais propose des brunchs (jusqu'à 16h30) appréciés des noctambules. Régalez-vous de toast à l'avocat citronné, de pancake à la banane, d'omelette au blanc d'œuf garnie de poivrons *piquillos* entre autres plats, dans une salle cosy tapissée de papier peint à ramages. (93 268 09 22 ; www.milkbarcelona.com ; Carrer d'en Gignàs 21 ; plats 9-13 € ; 9h-2h jeu-lun, 9h-2h30 ven-sam ; ; Jaume I)

Prendre un verre

Bar Zim

BAR À VINS

13 PLAN P. 48, E4

C'est la sympathique équipe de la Formatgeria La Seu (p. 56) voisine qui a ouvert ce petit bar intimiste. Sous les poutres apparentes sont mis à l'honneur les crus catalans (Penedès, Empordà...) et des vins espagnols plus méconnus (3,60 €/verre), qu'accompagnent des assiettes de fromage ou de charcuterie de fabrication artisanale. (www.formatgerialaseu.com ; Carrer de la Dagueria 20 ; 18h-23h lun-sam ; Jaume I)

L'Ascensor

BAR À COCKTAILS

14 PLAN P. 48, E4

Le nom de ce lieu élégant (plafond en brique voûté, miroirs rétro et comptoir en marbre) vient de l'ascenseur qui lui sert de porte d'entrée. Il attire une foule d'habitués qui apprécient les cocktails à l'ancienne (à partir de 7 €) et les conversations animées sur fond de jazz et de funk. (93 318 53 47 ; Carrer de la Bellafila 3 ; 18h-2h30 dim-jeu, 18h-3h ven-dim ; ; M Jaume I)

Boadas Cocktails

BAR À COCKTAILS

15 PLAN P. 48, A2

Cet établissement connu pour ses daiquiris et ses serveurs à nœud papillon fut créé en 1933 par Miguel Boadas, natif de La Havane et premier barman du Floridita, établissement mythique de la capitale cubaine. Parmi les plus vieux bars à cocktails de Barcelone, il a conservé son comptoir en bois et son décor rétro. Miró et Hemingway étaient des habitués. (93 318 95 92 ; Carrer dels Tallers 1 ; 12h-2h lun-jeu, 12h-3h ven-sam ; M Catalunya)

Sortir

Gran Teatre del Liceu

THÉÂTRE

16 PLAN P. 48, B6

À défaut d'assister à une représentation, vous pourrez participer à une **visite guidée** (93 485 99 00 ; 45 min, adulte/enfant 9 €/gratuit) du magnifique opéra de Barcelone datant de 1847.

Gran Teatre del Liceu

Habilement restauré en 1994 après un incendie, il offre aujourd'hui une acoustique de pointe associé à un décor grandiose du XIXe siècle, tout en dorures et velours rouge. (902 787397 ; www.liceubarcelona.cat ; La Rambla 51-59 ; billets 15-250 € ; M Liceu)

El Paraigua MUSIQUE LIVE

17 PLAN P. 48, D4

En activité depuis les années 1960, "Le Parapluie" a l'allure d'un bistrot de la Belle Époque. Passez du modernisme au Moyen Âge en rejoignant le bar au sous-sol, dont les murs et voûtes de brique remontent au XIe siècle. Des concerts de funk, soul, rock, blues et flamenco ont lieu régulièrement les vendredi et samedi soir. (93 317 14 79 ; www.elparaigua.com ; Carrer del Pas de l'Ensenyança 2 ; entrée libre ; 12h-0h dim-jeu, 12h-3h ven-sam ; M Liceu)

Pâtisserie Escribà sur la Rambla

DAVID PEREIRAS/SHUTTERSTOCK ©

Harlem Jazz Club JAZZ

18 PLAN P. 48, E5

Dans la vieille ville, ce club tout en longueur est l'une des meilleures adresses de Barcelone pour écouter jazz, funk, musiques latines, blues et jazz manouche. La clientèle variée respecte un silence religieux pendant les concerts, qui commencent généralement vers 22h30 ou 23h. Arrivez tôt pour avoir une place près de la scène. (93 310 07 55 ; www.harlemjazzclub.es ; Carrer de la Comtessa de Sobradiel 8 ; billets 8-12 € ; 20h-3h dim et mar-jeu, 20h-5h ven-sam ; M Jaume I)

Shopping

Formatgeria La Seu ALIMENTATION

19 PLAN P. 48, E3

Dans sa boutique dédiée aux fromages espagnols, Katherine McLaughlin ne vend que le nec plus ultra de la production artisanale à petite échelle et renouvelle régulièrement son offre. Des dégustations de vins et fromages (9,50-32 €) se tiennent dans l'arrière-salle cosy. Le Bar Zim (p. 56) voisin a la même direction. (93 412 65 48 ; www.formatgerialaseu.com ; Carrer de la Dagueria 16 ; 10h-14h et 17h-20h mar-sam ; M Jaume I)

Sauvegarde des commerces historiques

Des fabricants de bougies aux chapeliers, en passant par les pâtisseries familiales, les vieux commerces de Barcelone forment l'âme de la ville, au même titre que les bâtiments modernistes de Gaudí. Ces dernières années, certains des magasins les plus connus ont pourtant été contraints de mettre la clé sous la porte. La faute en incombe surtout à l'augmentation massive des loyers, en partie due à la prolifération des locations touristiques.

Mais tout n'est heureusement pas perdu ; en 2015, 228 boutiques de la ville se sont vu attribuer un statut protégé. Cela signifie pour l'essentiel que leur devanture et leur espace intérieur ne pourront être altérés. Parmi elles, 32 ne pourront subir aucune modification de quelque nature que ce soit. Les visiteurs sont invités à acheter dans ces vénérables boutiques, comme les pâtisseries **Escribà** (p. 41) et **La Colmena** (plan p. 48, E3 ; 93 315 13 56 ; www.pastisserialacolmena.com ; Plaça de l'Angel 12 ; 9h-21h ; M Jaume I), la **Sombrerería Obach** (chapellerie ; plan p. 48, C4 ; 93 318 40 94 ; www.sombrereriaobach.es ; Carrer del Call 2 ; 10h-14h et 16h-20h lun-ven, 10h-14h et 16h30-20h sam oct-juil, 10h-14h et 16h-20h lun-ven, 10h-14h sam août-sept ; M Jaume I), la **Cerería Subirà** (fabriquant de bougies ; plan p. 48, E3 ; 93 315 26 06 ; www.cereriasubira.cat ; Baixada de la Llibreteria 7 ; 10h-14h et 16h-20h lun-sam juin-sept, 9h30-13h30 et 16h-20h lun-mar, 9h30-20h mer-sam oct-mai ; M Jaume I) ou la **Casa Gispert** (p. 91), spécialiste des fruits secs.

L'Arca

VÊTEMENTS

20 PLAN P. 48, C4

Dans cette fascinante boutique, les vêtements vintage viennent pour la plupart de Barcelone : gilets brodés du XVIIIe siècle, kimonos en soie raffinés, châles des années 1920, robes de mariée, boucles d'oreilles traditionnelles du sud de l'Espagne. Cette incroyable collection a fourni des costumes pour de nombreux films. (93 302 15 98 ; www.larca.es ; Carrer dels Banys Nous 20 ; 11h-14h et 16h-20h lun-sam ; M Liceu)

La Manual Alpargatera

CHAUSSURES

21 PLAN P. 48, D5

Une célèbre boutique d'*espardenyes* (espadrilles), fondée juste après la guerre civile, qui chausse même les stars, de Salvador Dalí à Penélope Cruz en passant par Jean-Paul Gaultier. Le modèle de base traditionnel, originaire des Pyrénées catalanes, est revisité pour coller aux modes. (93 301 01 72 ; www.lamanualalpargatera.es ; Carrer d'Avinyó 7 ; 9h30-20h lun-ven, 10h-20h sam ; M Liceu)

Explorer

El Raval

L'ouverture de musées et de centres culturels remarquables, dont le MACBA conçu par Richard Meier, a contribué à la renaissance de ce quartier autrefois malfamé – il le reste d'ailleurs par endroits. Il s'agit néanmoins d'un des secteurs les plus vivants et multiculturels de Barcelone, qui compense son manque de sites touristiques majeurs par un charme interlope, des bars historiques et une floraison de cafés, restaurants et boutiques tendance.

Notre sélection

- ***MACBA (p. 63)**. La collection et les expositions d'art contemporain parfois audacieuses, et le spectacle des skateurs sur le parvis du musée.*
- ***Antic Hospital de la Santa Creu (p. 64)**. La visite du bel hôpital historique où mourut Gaudí et une pause détente dans sa cour arborée.*
- ***Bars (p. 68)**. Siroter de l'absinthe en admirant des œuvres modernistes peu connues comme la Casa Almirall ou goûter des cocktails d'avant-garde dans un nouveau bar comme Two Schmucks.*
- ***Palau Güell (p. 63)**. Une demeure conçue par Gaudí et admirablement restaurée.*
- ***À table ! (p. 65)**. La scène culinaire multiculturelle de Barcelone, des spécialités catalanes d'Elisabets aux superbes tacos d'El Pachuco.*

Comment y aller

M Les lignes de métro 1, 2 et 3 encerclent El Raval, si bien que l'on n'est jamais loin d'une station. L'arrêt Liceu de la ligne 3 et l'arrêt Sant Antoni de la ligne 2 sont pratiques.

Plan du quartier p. 62

Palau Güell (p. 63) ALIONABIRUKOVA/SHUTTERSTOCK ©

Promenade à pied

À la découverte d'El Raval

El Raval est plein de contrastes. Ce voyage au cœur de la vie locale vous fera passer des lieux préférés des jeunes actifs branchés aux rues pauvres d'autrefois, fréquentées par les immigrés et les prostituées. En chemin, vous ferez halte dans des endroits qui, contrairement au reste du quartier, n'ont pas changé depuis des décennies.

Itinéraire

Départ Kasparo ; Ⓜ Catalunya

Arrivée Bar Marsella ; Ⓜ Liceu

Distance 2,5 km

Durée 1 journée

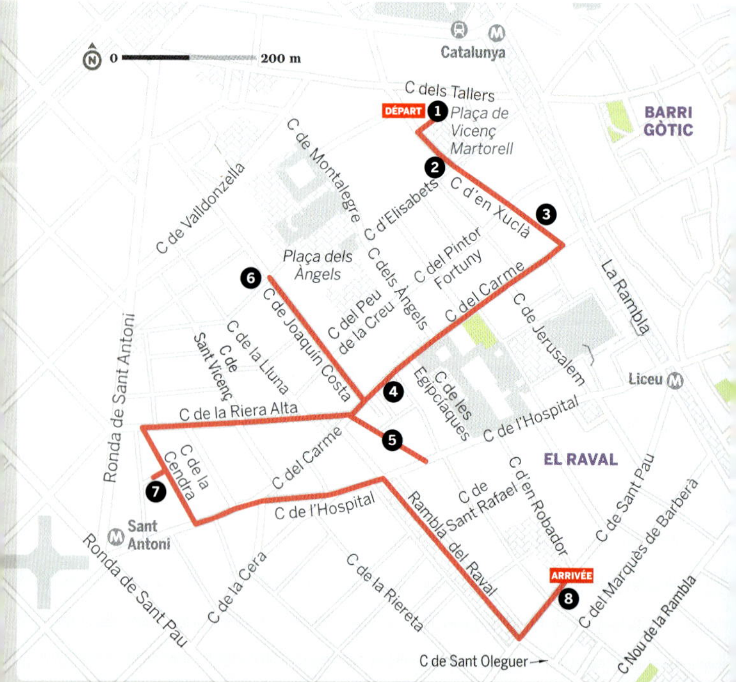

❶ Kasparo

Le sympathique **Kasparo** (☎93 302 20 72 ; www.kasparo.es ; Plaça de Vicenç Martorell 4 ; plats 7-12 € ; 9h-23h ou 0h mar-sam ; ; Catalunya), un café agrémenté d'une terrasse sous des arcades donnant sur une place piétonnière, a la faveur des familles locales.

❷ Elisabets

El Raval s'embourgeoise rapidement dans sa partie nord, mais des adresses comme **Elisabets 1962** (☎93 317 58 26 ; www.elisabets1962.com ; Carrer de les Ramelleres 1 ; tapas 3-10 €, plats 8-10 € ; 7h30-23h30 lun-jeu et sam, 7h30-1h30 ven sept-juil, fermé mi-juil à mi-août ; Catalunya), apprécié pour sa cuisine de qualité, résistent. Optez pour le *menú del dia* (12 €), qui change quotidiennement, ou des tapas.

❸ Granja M Viader

Bar à lait rétro typiquement catalan, le **Granja M Viader** (☎93 318 34 86 ; www.granjaviader.cat ; Carrer d'en Xuclà 6 ; 9h-13h15 et 17h-21h lun-sam ; Liceu) voit affluer depuis plus d'un siècle des Barcelonais venus se délecter d'une bonne tasse de chocolat chaud à la crème fouettée (*suís*).

❹ Bar Muy Buenas

Véritable institution moderniste, le **Bar Muy Buenas** (☎93 807 28 57 ; www.muybuenas.cat ; Carrer del Carme 63 ; plats 9-15 € ; 13h-15h30 et 20h-23h lun-jeu, 13h-16h et 20h-0h ven, 13h-0h sam, 13h-23h30 dim ; Liceu) a conservé ses boiseries, ses vitres gravées et son comptoir en marbre de la fin du XIXe siècle. Il sert des cocktails et de la cuisine catalane.

❺ Carrer de la Riera Baixa

Longue d'une centaine de mètres, la **Carrer de la Riera Baixa** concentre plusieurs friperies.

❻ Casa Almirall

En activité depuis 1860, le bar **Casa Almirall** (☎93 318 99 17 ; www.casaalmirall.com ; Carrer de Joaquín Costa 33 ; 16h30-1h30 lun, 16h-2h30 mar-mer, 12h-2h30 jeu, 12h-3h ven-sam, 12h-0h30 dim ; ; Universitat) présente un sombre intérieur de style moderniste où l'on sirote absinthe et vermouth.

❼ JazzSí Club

Petit bar bondé du Taller de Músics, une école de musique, le **JazzSí Club** (☎93 329 00 20 ; www.tallerdemusics.com ; Carrer de Requesens 2 ; entrée avec une conso 6-12 € ; 20h30-23h lun et jeu, 19h45-23h mar-mer, 20h45-23h ven-sam, 18h30-22h dim ; Sant Antoni) programme des concerts de jazz mais aussi de flamenco.

❽ Bar Marsella

Descendez la Rambla del Raval pour rejoindre le **Bar Marsella** (☎93 442 72 63 ; Carrer de Sant Pau 65 ; 18h-2h lun-jeu, 22h-3h ven, 18h-2h30 sam, 22h-2h30 dim ; Liceu), un spécialiste de l'absinthe ouvert en 1820.

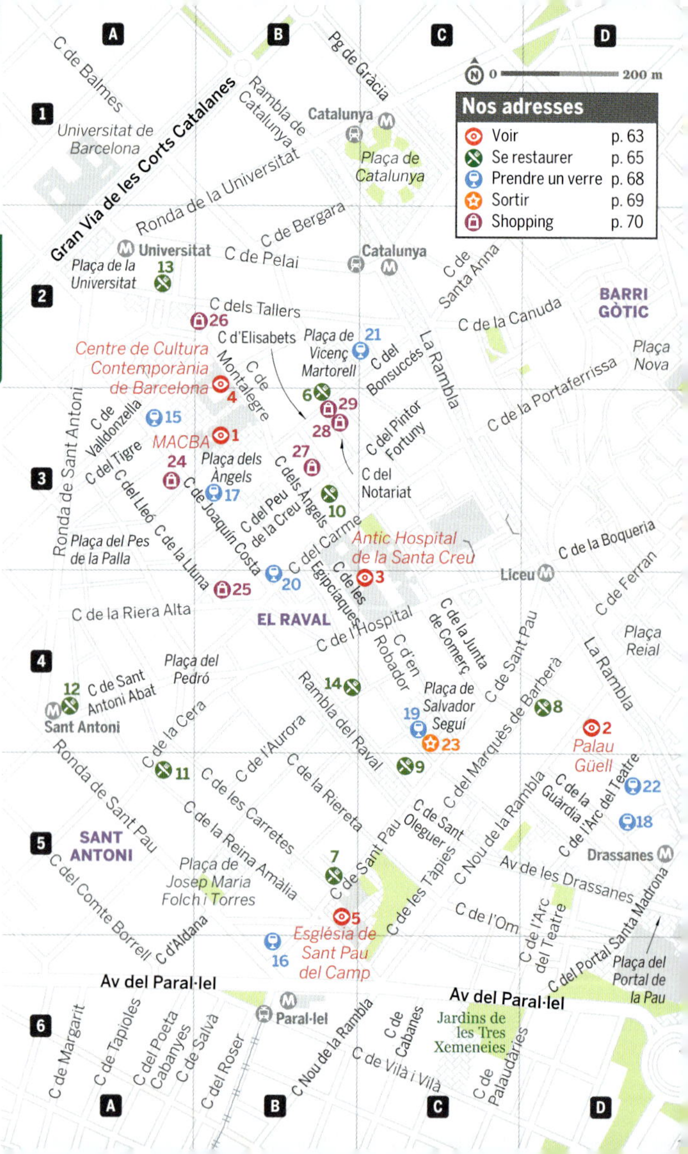

Nos adresses
Voir p. 63
Se restaurer p. 65
Prendre un verre p. 68
Sortir p. 69
Shopping p. 70
0 200 m
A
B
C
D
1
2
3
4
5
6
C de Balmes
Universitat de Barcelona
Gran Via de les Corts Catalanes
Rambla de Catalunya
Pg de Gràcia
Catalunya
Plaça de Catalunya
Ronda de la Universitat
C de Bergara
Universitat
C de Pelai
Catalunya
Plaça de la Universitat
13
C de Santa Anna
BARRI GÒTIC
C dels Tallers
26
C de la Canuda
C d'Elisabets
Plaça de Vicenç Martorell
21
C del Bonsuccés
La Rambla
Plaça Nova
Centre de Cultura Contemporània de Barcelona
4
C de Montalegre
6
29
28
C de la Portaferrissa
C de Valldonzella
15
MACBA
1
C del Pintor Fortuny
Ronda de Sant Antoni
C del Tigre
24
Plaça dels Àngels
27
C dels Àngels
C del Notariat
C del Lleó
C de Joaquín Costa
17
C del Peu de la Creu
10
Plaça del Pes de la Palla
C de la Lluna
C del Carme
Antic Hospital de la Santa Creu
C de la Boqueria
20
C de les Egipcíaques
3
Liceu
C de Ferran
25
C de la Riera Alta
EL RAVAL
C de l'Hospital
C de la Junta de Comerç
C de Sant Pau
Plaça Reial
Plaça del Pedró
C d'en Robador
La Rambla
12
C de Sant Antoni Abat
14
Plaça de Salvador Seguí
C del Marquès de Barberà
8
Sant Antoni
Rambla del Raval
19
2
C de la Cera
23
Palau Güell
C de l'Aurora
9
11
C de les Carretes
C de la Riereta
C de la Guàrdia
C de l'Arc del Teatre
22
18
Ronda de Sant Pau
C de Sant Oleguer
C Nou de la Rambla
SANT ANTONI
C de la Reina Amàlia
Drassanes
C del Comte Borrell
Plaça de Josep Maria Folch i Torres
7
C de Sant Pau
C de les Tàpies
Av de les Drassanes
C de Santa Madrona
5
C de l'Om
Església de Sant Pau del Camp
C de l'Arc del Teatre
C d'Aldana
16
C del Portal
Plaça del Portal de la Pau
Av del Paral·lel
Av del Paral·lel
Paral·lel
C Nou de la Rambla
C de Cabanes
Jardins de les Tres Xemeneies
C de Margarit
C de Tapioles
C del Poeta Cabanyes
C de Salvà
C del Roser
C de Vilà i Vilà
C de Palaudàries

Voir

MACBA

MUSÉE

1 PLAN P. 62, B3

Inauguré en 1995, le grand musée d'art contemporain de Barcelone occupe un édifice dessiné par l'architecte américain Richard Meier. La collection permanente est axée sur l'art espagnol et catalan à partir de la seconde moitié du XXe siècle, avec notamment des œuvres d'Antoni Tàpies, de Joan Brossa, de Miquel Barceló et de Joan Rasbascall. Les travaux d'artistes internationaux tels Paul Klee, Bruce Nauman, Alexander Calder, John Cage et Jean-Michel Basquiat sont aussi exposés. (Museu d'Art Contemporani de Barcelona ; 93 412 08 10 ; www.macba.cat ; Plaça dels Àngels 1 ; tarif plein/réduit/-14 ans 11/8,80 €/gratuit, gratuit dim 16h-20h ; 11h-19h30 lun et mer-ven, 10h-20h sam, 10h-15h dim et jours fériés ; M Universitat)

Palau Güell

DEMEURE

2 PLAN P. 62, D4

Édifiée à deux pas de la Rambla entre 1886 et 1891 pour le riche industriel Eusebi Güell, cette demeure néogothique – l'un des rares bâtiments importants de cette époque dans la vieille ville – déploie une profusion de styles et de matériaux et offre un aperçu du génie de Gaudí dès ses débuts. (93 472 57 75 ; www.palauguell.cat ; Carrer Nou de la Rambla 3-5 ; tarif plein/réduit/-10 ans avec audioguide 12/9 €/gratuit, entrée libre 1er dim du mois ; 10h-20h tlj sauf lun avr-oct, 10h-17h30 nov-mars ; M Drassanes)

El Gat de Botero, Rambla del Raval (p. 65)

SCULPTURE: CAT BY FERNANDO BOTERO; NOYANYALCIN/SHUTTERSTOCK©

Festes de la Mercè

Durant 4 jours autour du 24 septembre, Barcelone célèbre avec ferveur Notre-Dame-de-Grâce, sa sainte patronne. Concerts, danses, théâtre de rue, feux d'artifice, *castells* (tours humaines), défilés de *gegants* (géants en papier mâché) et *correfocs* (littéralement les "feux qui courent") pétaradants animent les rues de la capitale catalane.

Antic Hospital de la Santa Creu ÉDIFICE HISTORIQUE

3 PLAN P. 62, C4

Derrière le Mercat de La Boqueria se dresse l'édifice gothique de l'ancien hôpital principal de Barcelone. Fondé en 1401, l'ancien hôpital de la Sainte-Croix fut au Moyen Âge l'un des plus réputés d'Europe et fonctionna jusque dans les années 1930. C'est ici que s'éteignit Antoni Gaudí en 1926. Il abrite aujourd'hui la **Biblioteca de Catalunya** (Bibliothèque de Catalogne) sous ses arches gothiques et l'**Institut d'Estudis Catalans** (93 270 16 20 ; www.iec.cat ; Carrer del Carme 47 ; visite 10h30, 11h30 et 14h30 mar et jeu ; M Liceu). (www.santpaubarcelona.org/fr ; Carrer de l'Hospital 56 ; entrée libre ; 9h-22h ; M Liceu)

Centre de Cultura Contemporània de Barcelona (CCCB) CENTRE CULTUREL

4 PLAN P. 62, B2

Installé dans un hospice du XVIIIe siècle, la Casa de la Caritat, cet ensemble créé en 1994 comprend auditoriums, espaces d'exposition et salles de conférences. Flanquée d'un grand mur de verre, la cour est spectaculaire. Avec 4 500 m² répartis en quatre espaces, la programmation évolue constamment (expositions, cycles cinématographiques, etc.). (CCCB ; 93 306 41 00 ; www.cccb.org ; Carrer de Montalegre 5 ; tarif plein/réduit/-12 ans 6/4 €/gratuit, gratuit dim 15h-20h ; 11h-20h mar-dim ; M Universitat)

Església de Sant Pau del Camp ÉGLISE

5 PLAN P. 62, B5

Fondée au IXe ou Xe siècle, cette petite église a été reconstruite au XIe ou XIIe siècle. Avec ses arcades polylobées du XIIIe siècle reposant sur des chapiteaux finement sculptés, uniques en Europe, son cloître constitue le plus bel exemple d'architecture romane à Barcelone. L'édifice proprement dit renferme le tombeau de Guifred II Borrell, fils de Guifred le Velu qui fut le premier comte de Catalogne au IXe siècle. (93 441 00 01 ; www.santpaudelcamp.org ; Carrer de Sant Pau 101 ; tarif plein/réduit/-14 ans 5/4 €/gratuit ; 10h-14h et 15h-18h lun-sam, 10h-13h dim ; M Paral·lel)

Se restaurer

Bar Central

CAFÉ €

6 PLAN P. 62, B3

Lancé en 2019 par l'équipe gagnante derrière le succès du Satan's Coffee (p. 54) et du Xemei (p. 163), ce formidable café-bar se cache dans la cour plantée de palmiers et drapée de lierre du presbytère de la Casa de la Misericòrdia (XVIe siècle), un ancien orphelinat. Des cafés et vermouths classiques côtoient sur la carte de parfaits croissants feuilletés et de délicats *entrepans* et salades. (Carrer d'Elisabets 6 ; en-cas 2-7 € ; 10h-21h ; M Catalunya)

El Pachuco

MEXICAIN €

7 PLAN P. 62, B5

Il faut arriver tôt ou se ruer sur la liste d'attente, car une clientèle à la mode sans chichi se bouscule dans cette étroite *mezcalería/taquería*, populaire à juste titre. Ampoules apparentes dispensant une faible lumière, tabourets de bar et étagères chargés de bouteilles d'alcool, de représentations religieuses et d'objets mexicains composent le décor *ad hoc* pour déguster tacos, quesadillas, guacamole et margaritas de premier ordre. Autre enseigne plus spacieuse, **La Pachuca** (www.elpachuco.bar ; Carrer d'en Carabassa 19 ; plats 7-9 € ; 13h30-2h mar-dim ; M Jaume I, Barceloneta) se tient dans le Barri Gòtic. (www.facebook.com/pachucobcn ; Carrer de Sant Pau 110 ; plats 6-11 € ; 13h30-2h lun-jeu, 13h30-2h30 ven-dim ; M Paral·lel)

Cañete

TAPAS €€

8 PLAN P. 62, D4

Parfaite illustration de la vogue actuelle des bars à tapas gentrifiés, le Cañete a la cote et ne désemplit pas. L'essentiel de l'action se déroule au comptoir de la cuisine ouverte. À la longue liste de tapas et de *platillos* (assiettes à partager) au goût du jour (tataki de thon sauvage aux algues) s'ajoutent des plats plus traditionnels, dont des tortillas et des classiques andalous tels que *boquerones* (anchois) et *tortillitas de camarones* (beignets de crevettes). (93 270 34 58 ; www.barcanete.com ; Carrer de la Unió 17 ; tapas 2-15 €, assiettes à partager 7-22 € ; 13h-0h lun-sam ; ; M Liceu)

Rambla del Raval

Conçu en 2000 dans le cadre du plan d'urbanisme visant à désenclaver le quartier louche d'El Raval, ce **large boulevard** (M Liceu) bordé de palmiers et de terrasses de café est plutôt une réussite. Il accueille le rutilant hôtel Barceló Raval et *El Gat (Le Chat)* de Botero (photo p. 63), un chat en bronze monumental du sculpteur colombien Fernando Botero devenu emblématique. Un marché d'artisanat s'y tient le week-end.

Restaurants d'El Raval

Le quartier possède des tables d'un bon rapport qualité/prix qui font voyager les papilles. De vieille institutions émaillent ce qui fut longtemps le secteur le plus pauvre de la vieille ville, tandis que des bars et restaurants tendance sont disséminées autour du MACBA et dans la Carrer de Joaquín Costa. À noter aussi quelques bonnes adresses végétariennes et véganes.

Suculent

CATALAN **€€**

9 PLAN P. 62, C5

Propriété de l'empire culinaire du chef Carles Abellán, ce bistrot à l'ancienne présente le meilleur de la cuisine contemporaine catalane grâce à Toni Romero, qui s'est formé au fameux El Bulli. Ceviche de crevettes rouges à l'avocat ou steak tartare sur lit de moelle grillée... toutes ses créations bien exécutées n'utilisent que des ingrédients de premier choix. (93 443 65 79 ; www.suculent.com ; Rambla del Raval 45 ; plats 11-18 €, menus dégustation 45-97 € ; 13h-16h et 20h-23h30 mer-dim ; ; M Liceu)

Caravelle

INTERNATIONAL **€**

10 PLAN P. 62, B3

Chouchou des gens stylés d'El Raval et de tous les palais exigeants, ce café-restaurant prépare des tacos de saison comme vous n'en avez jamais mangés (morue, aïoli au citron vert et radis, potiron rôti avec des *frijoles*...) et des brunchs créatifs d'inspiration internationale qui provoquent de longues files devant la porte. Le café vient de Nømad (p. 68), mais les bières artisanales sont brassées maison. (93 317 98 92 ; www.caravellebcn.com ; Carrer del Pintor Fortuny 31 ; plats 7-15 € ; 9h-17h lun, 9h-0h mar-ven, 10h-0h sam, 10h-17h dim approx mai-sept, horaires réduits oct-avr ; ; M Liceu)

Can Lluís

CATALAN **€€**

11 PLAN P. 62, A5

Trois générations se sont succédé à la tête de ce restaurant impeccable depuis 1929. Sous les poutres vert olive de la salle du fond, on voit encore l'endroit où la bombe d'un anarchiste a explosé en 1946, tuant le propriétaire d'alors. Une adresse toujours extrêmement populaire, avec d'excellents produits de la mer, des viandes succulentes, un bon *menú del día* (12 €) et des vins presques exclusivement catalans. (93 441 11 87 ; www.restaurantcanlluis.cat ; Carrer de la Cera 49 ; plats 10-22 € ; 13h-16h et 20h30-23h lun-sam ; M Sant Antoni)

Sésamo

VÉGÉTARIEN **€**

12 PLAN P. 62, A4

Régulièrement salué comme l'une des meilleures adresses végétariennes de la ville, Sésamo transforme habilement les produits frais locaux en tapas : salade au chèvre, feuilleté à la féta et aux épinards, croquettes de champignons... La plupart des convives optent pour le menu de sept petits plats (végétarien/végan 25/30 €, vin compris ; 2 pers min). On apprécie le pain et les gâteaux maison. (93 441 64 11 ; Carrer de Sant Antoni Abat 52 ; tapas 4-7 €, plats 9-14 € ; 19h-0h ; ; M Sant Antoni)

Flax & Kale

VÉGÉTARIEN **€€**

13 PLAN P. 62, A2

Le "restaurant flexitarien et diététique" autoproclamé de la cheffe catalane Teresa Carles affiche une carte à 80% végétale, le reste étant constitué de poissons gras, et met l'accent sur l'aspect nutritionnel. Les options crues, véganes et sans gluten abondent. Les plats vont des bols açaï aux pancakes de quinoa rouge en passant par les raviolis aux aubergines grillées et le *panang* (curry rouge) thaï. Terrasse verdoyante à l'étage. (93 317 56 64 ; www.teresacarles.com ; Carrer dels Tallers 74b ; plats 11-18 € ; 9h-23h30 lun-ven, 9h30-23h30 sam-dim ; ; M Universitat)

Casa Leopoldo

CATALAN **€€**

14 PLAN P. 62, B4

Relancé en 2017 par les chefs Óscar Manresa et Romain Fornell, ce vieux restaurant charmant n'en reste pas moins fidèle à ses racines traditionnelles. La cuisine décline des spécialités catalanes

MACBA (p. 63)

comme le *cap i pota* (ragoût de bœuf aux pois chiches) et la queue de bœuf au vin rouge, ainsi que des crevettes frites, des champignons sauvages et autres tapas d'une délicieuse simplicité. Des carreaux à motifs, des nappes blanches et des affiches de corrida composent le décor. (☎93 441 30 14 ; goutrouge.com ; Carrer de Sant Rafael 24 ; tapas 4-15 €, plats 12-19 € ; 🕒13h-16h et 20h-tard, fermé août)

Prendre un verre

Two Schmucks

BAR À COCKTAILS

15 PLAN P. 62, A3

À l'origine éphémère et nomade, ce bar très tendance sans être snob est devenu l'un des plus en vue de Barcelone (et d'Europe), valant à ses patrons et barmen suédois – Moe et AJ – de nombreux prix. On y concocte d'étonnants breuvages, comme le Curry Colada (9 €), spécialité de la maison. Le mobilier recyclé et l'esprit festif de l'équipe créent une ambiance de rade de quartier amélioré. (☎635 396 088 ; /www.two-schmucks.com ; Carrer de Joaquín Costa 52 ; 🕒17h-2h dim-ven, jusqu'à 2h30 sam ; M Sant Antoni, Universitat)

La Confitería

BAR

16 PLAN P. 62, B6

Entrez dans le décor XIXe siècle évocateur de ce bar vivant et créatif qui fut une confiserie jusqu'aux années 1980. Aujourd'hui, les bouteilles ont remplacé les bonbonnières sur les étagères en bois, mais le reste n'a guère changé. Derrière cette réussite se cachent des pros reconnus de la nuit barcelonaise. Consommations entre 8 et 10 €. (☎93 140 54 35 ; www.confiteria.cat ; Carrer de Sant Pau 128 ; 🕒19h-2h lun-jeu, 18h-3h ven-sam, 17h-2h dim ; Wi-Fi ; M Paral·lel)

Nømad Every Day

CAFÉ

17 PLAN P. 62, B3

Un choix saisonnier de cafés torréfiés à Barcelone et préparés selon des méthodes high-tech (Aeropress, infusion à froid...) attendent les connaisseurs dans cette chaîne à succès fondée par le barista vedette Jordi Mestre après un passage à Londres. Comptez entre 2,50 et 5 € pour siroter votre dose de caféine dans un décor minimaliste, égayé par un mur végétal. (www.nomadcoffee.es ; Carrer de Joaquín Costa 26 ; 🕒8h30-17h30 lun-ven, 10h-18h sam-dim ; M Sant Antoni, Universitar)

Bar Pastís

BAR

18 PLAN P. 62, D5

Cette institution exiguë et encombrée rend hommage aux cabarets à la française (avec beaucoup de Piaf en fond sonore). Le bar existe – par intermittence – depuis la fin de la Seconde Guerre mondiale, lorsqu'il a été fondé par un expatrié français. Arrivez avant 21h pour avoir une chance de trouver un siège ou d'accéder au bar. Des concerts fréquents, généralement avec de la chanson française, ont lieu. (☎634 031 527 ;

Carrer de Santa Mònica 4 ; 19h30-2h30 mer-dim ; ; M Drassanes)

La Monroe BAR

19 PLAN P. 62, C4

À travers les parois vitrées de ce bar LGBT installé dans la **Filmoteca de Catalunya**, (ci-après), on distingue de longues tables en bois, des chaises branlantes, des plantes vertes, quelques touches de style industriel et des pavés imitant ceux de la place. Au programme : excellents cocktails et vermouth, menu du jour (12 €) et savoureuses tapas (4-12 €), tels que *fuet* (saucisse sèche catalane) et crevettes grillées de Huelva. (93 441 94 61 ; www.lamonroe.es ; Plaça Salvador Seguí 1-9 ; 12h-tard ; ; M Liceu)

33|45 BAR

20 PLAN P. 62, B4

Un bar stylé sans ostentation, dans une rue où les adresses de ce genre ne manquent pas. Déco industrielle, mojitos (5-7 €) très réussis, faune branchée et expos d'art fréquemment renouvelées. Des DJ mixent presque tous les soirs et des canapés profonds invitent à décompresser. (93 187 41 38 ; 3345.es ; Carrer de Joaquín Costa 4 ; 17h-2h lun, 13h-2h mar-jeu, 13h-2h30 ven-sam, 13h-1h30 dim ; ; M Universitat)

Caribbean Club BAR À COCKTAILS

21 PLAN P. 62, C2

Juanjo González Rubiera, un barman respecté, dirige ce bar sombre et élégant aux airs de bateau sous un plafond bas à poutres apparentes. La collection de shakers dans une vitrine annonce d'emblée la couleur. Les rhums caribéens (cocktails 9 €) occupent la vedette, devant d'autres breuvages tentants comme le Gin Smash. (93 302 21 82 ; www.caribbeanclubbcn.com ; Carrer de les Sitges 5 ; 18h-2h30 mar-sam ; ; M Catalunya)

Moog CLUB

22 PLAN P. 62, D5

Ce minuscule club à l'ambiance joviale est un haut lieu de la vie nocturne en centre-ville. Dans la salle principale, les DJ alternent house, techno et électro, alors qu'à l'étage, on peut écouter un mélange de musique indé et de grands classiques pop. (93 319 17 89 ; www.moogbarcelona.com ; Carrer de l'Arc del Teatre 3 ; entrée 5-10 € ; 0h-5h dim-jeu, 0h-5h30 ven-sam ; M Drassanes)

Sortir

Filmoteca de Catalunya CINÉMA

23 PLAN P. 62, C4

La cinémathèque de Catalogne occupe un bâtiment moderne de 6 000 m² dans la partie la plus louche d'El Raval. Excellente programmation mêlant classiques

Sortir à El Raval

Encore un peu douteuses par endroits, les petites rues d'El Raval n'en recèlent pas moins pléthore de bars et de clubs formidables. Les lounges à cocktails ultratendance y côtoient de vénérables tavernes d'antan, repaires de la bohème barcelonaise depuis l'époque de Picasso. Courue par les étudiants, la Carrer de Joaquín Costa rassemble de bonnes adresses d'hier et d'aujourd'hui. La partie basse du quartier frôle parfois l'insalubrité et le secteur autour de la Carrer de Sant Pau demeure peu engageant, avec son lot de dealers, de pickpockets et de prostituées se mêlant aux fêtards noctambules. Soyez prudent la nuit.

et sorties récentes, dont de nombreux cycles thématiques. (☎93 567 10 70 ; www.filmoteca.cat ; Plaça de Salvador Seguí 1-9 ; tarif plein/réduit 4/3 € ; ⏲séances 17h-22h, billetterie 10h-15h mar-ven, plus 16h-21h30 mar-jeu et dim, et 16h-22h ven-sam ; M Liceu)

Shopping

Les Topettes — COSMÉTIQUES

24 PLAN P. 62, A3

Les produits cosmétiques de cette petite boutique chic ont été soigneusement sélectionnés par Lucía et Oriol, une journaliste et un architecte globe-trotteurs, autant pour leur esthétique que pour leurs qualités. Vous trouverez notamment des parfums, bougies, savons et onguents des marques Diptyque, Cowshed et Hierbas de Ibiza aux emballages sublimes. (☎93 500 55 64 ; www.lestopettes.com ; Carrer de Joaquín Costa 33 ; ⏲16h-21h lun, 11h-14h et 16h-21h mar-sam ; M Universitat)

Grey Street — ARTICLES POUR LA MAISON

25 PLAN P. 62, B4

Portant le nom de la rue des grands-parents d'Amy Cocker, la propriétaire australienne originaire de Camberra, cette ancienne parfumerie joliment réaménagée présente des objets tentants, souvent fabriqués par des artistes catalans ou espagnols : mugs et pots de fleurs en céramique peints à la main, encens issu du commerce équitable, jeux de tarot, posters, maillots de bain, produits véganes pour la peau, etc. Autre **enseigne** (Carrer dels Agullers 12 ; ⏲11h-20h30 lun-sam ; M Jaume I, Barceloneta) à El Born. (www.greystreetbarcelona.com ; Carrer Peu de la Creu 25 ; ⏲11h-15h et 16h-21h lun-sam ; M Sant Antoni)

Holala! Plaza — MODE

26 PLAN P. 62, A2

Donnant sur la Carrer de Valldonzella, cette friperie vintage d'Ibiza s'inspire de la longue tradition hippie (et quelque peu mercantile) de l'île. Son stock riche en jeans et pièces bigarrées provient de marchés aux puces et de boutiques d'occasion du monde entier. L'endroit accueille aussi des expositions variées. (☎93 302 05 93 ; www.holala-ibiza.com ; Plaça de Castella 2 ; ⏱11h-21h lun-sam ; Ⓜ Universitat)

Lantoki

MODE ET ACCESSOIRES

27 PLAN P. 62, B3

Les stylistes Urko Martinez et Sandra Liberal fabriquent une ligne de mode féminine minimaliste dans leur lumineux atelier-boutique, qui propose aussi des modèles d'autres créateurs artisanaux adeptes de la "slow fashion". Ils peuvent même vous apprendre à confectionner vos propres vêtements (40-90 € environ). (www.lantoki.es ; Carrer del Doctor Dou 15 ; ⏱11h-20h lun-ven, 12h-20h sam ; Ⓜ Catalunya, Liceu)

Teranyina

ART ET ARTISANAT

28 PLAN P. 62, B3

Dans la partie d'El Raval où vivent les artistes, Teresa Rosa Aguayo tient cet atelier de textile où vous pourrez vous initier au métier à tisser ou simplement admirer les tapis et autres réalisations de la créatrice, tous à vendre bien sûr. (☎93 317 94 36 ; www.textilteranyina.com ; Carrer del Notariat 10 ; ⏱11h-15h et 17h-20h lun-ven ; Ⓜ Catalunya)

Shopping à El Raval

El Raval compte parmi les lieux de shopping les plus originaux de Barcelone. Quelques galeries d'art se tiennent autour du MACBA, tandis que des magasins de vêtements vintage et d'occasion bordent la Carrer de la Riera Baixa et ses alentours. La Carrer dels Tallers est l'une des principales artères dédiées à la musique. Enfin, nombre de créateurs de mode et de déco barcelonais ont des ateliers et boutiques un peu partout dans le quartier.

La Variété

ARTICLES POUR LA MAISON

29 PLAN P. 62, B3

Objets décoratifs en bois de Chiang Mai, abat-jour réalisés à partir de vieilles nasses en bambou et pots de fleurs en terre cuite à suspendre, voici quelques exemples de ce qu'on peut acheter dans ce magasin de déco apaisant, qui travaille directement avec des artistes, artisans et agriculteurs thaïlandais. (☎93 519 83 51 ; www.lavariete.net ; Carrer d'Elisabets 7 ; ⏱11h-15h et 16h-20h30 lun-sam ; Ⓜ Catalunya, Liceu)

Explorer

La Ribera et El Born

Outre des sites de premier plan, comme le Museu Picasso, la Basílica de Santa Maria del Mar, le splendide Palau de la Música Catalana moderniste et le parc de la Ciutadella, ce secteur médiéval contrasté recèle des bars à tapas particulièrement animés ainsi que des boutiques sortant de l'ordinaire.

- ***Basílica de Santa Maria del Mar (p. 78)***. *Un superbe exemple de style gothique catalan tout en sobriété, construit avec l'aide des paroissiens.*
- ***Museu Picasso (p. 74)***. *Les œuvres de jeunesse du jeune Picasso, exposées dans cinq demeures médiévales attenantes.*
- ***Palau de la Música Catalana (p. 84)***. *Une magnifique salle de concerts moderniste à découvrir lors d'un spectacle ou d'une visite guidée.*
- ***Tournée des bars d'El Born (p. 81)***. *Passer des bonnes vieilles tapas aux cocktails expérimentaux dans un quartier qui bouge, en commençant par le Dr Stravinsky.*
- ***Parc de la Ciutadella (p. 84)***. *Se balader, pique-niquer, faire une promenade en bateau sur le lac et observer les œuvres d'art.*

Comment y aller

M La ligne 4 longe la limite sud-ouest de La Ribera (stations Urquinaona, Jaume I et Barceloneta). La ligne 1 ne passe pas loin non plus, à Urquinaona et Arc de Triomf (station la plus proche du parc de la Ciutadella).

Plan du quartier p. 82

Maison d'El Born

Les incontournables

Le Museu Picasso

Picasso passa une partie de sa jeunesse à Barcelone, d'où ce musée consacré à ses années de formation. Si les peintures cubistes qui font sa renommée brillent par leur absence, la collection de premier ordre n'en témoigne pas moins de l'évolution et du génie polymorphe de l'artiste, toujours en avance sur son temps. Les œuvres sont exposées dans cinq demeures médiévales contiguës qui, à elles seules, valent le détour.

PLAN P. 82, D4

93 256 30 00

www.museupicasso.bcn.cat

Carrer de Montcada 15-23

10h-17h lun, 9h-20h30 mar-mer et ven-dim, 9h-21h30 jeu

M Jaume I

Histoire du musée

Ce serait Pablo Picasso (1881-1973) lui-même qui aurait soumis l'idée de la création d'un musée à son ami et secrétaire personnel, le Barcelonais Jaume Sabartés, en 1960. Trois ans plus tard, la "Collection Sabartés" voyait le jour – Picasso étant connu pour son opposition au régime de Franco, un musée portant son nom aurait d'emblée fait l'objet de censures. Le musée tel qu'on le connaît aujourd'hui a ouvert en 1983. Il ne renfermait au départ que la collection personnelle de Sabartés et quelques tableaux des musées d'art de Barcelone. La collection s'est peu à peu enrichie grâce à des donations de Salvador Dalí et de l'artiste Sebastià Junyer i Vidal, entre autres. La majeure partie des œuvres appartenait toutefois à Picasso. Après la mort de l'artiste, sa veuve, Jacqueline Roque, fit également don de 41 pièces de céramique et du tableau *La Mujer de la cofia* (Femme au bonnet).

La salle B1 rend hommage à la contribution de Sabartés ; elle renferme notamment le célèbre portrait cubiste que Picasso a fait de son ami portant une fraise à l'image des grands d'Espagne.

La collection

Forte de 3 500 œuvres, la collection met en lumière les débuts de Picasso, de ses années de formation à l'école des Beaux-Arts de Barcelone jusqu'à l'année 1904. De nombreuses pièces majeures témoignent du talent exceptionnellement précoce de l'artiste.

Les débuts à Barcelone

Dans les salles 1 et 2, la collection s'ouvre sur des croquis et des peintures à l'huile datant des premières années de Picasso à Málaga et à La Corogne (vers 1893-1895) pour se poursuivre par ses années d'études à Barcelone. Son *Retrato de la tía Pepa*

★ À savoir

- À peine plus cher que le billet d'entrée, le pass annuel Carnet del Museu Picasso (15 €) permet plusieurs visites. Il est vendu à un guichet spécifique, au 23 Carrer de Montcada.
- Acheter son billet en ligne en choisissant un créneau horaire évite d'avoir à faire la queue.
- Le billet (tarif plein/réduit/ - 18 ans 14/7,50 €/ gratuit) couvre aussi les expositions temporaires. Entrée libre le jeudi de 18h à 21h30 et le 1er dimanche du mois.

Une petite pause ?

Suivez la Carrer de Montcada vers le nord pour manger des tapas traditionnelles avec une pointe d'originalité au Bar del Pla (p. 81).

Euskal Etxea (p. 81), dans la même rue, compte parmi les meilleurs bars à *pintxos* de Barcelone.

(Portrait de la tante Pepa, salle 2), exécuté à Málaga en 1896, illustre l'incroyable maturité du coup de pinceau et son habileté à représenter des personnages – à seulement 15 ans. L'immense *Ciència i caritat* (Science et Charité, salle 3), qui date de l'année suivante, en témoigne tout autant.

L'avant-garde catalane et la période bleue

Après quelque temps passé à Horta de Sant Joan, Picasso retourna à Barcelone et rejoignit "l'avant-garde catalane" ; les œuvres de cette période se trouvent dans la salle 4. Les salles 5 à 7 regroupent les tableaux des années 1900-1901, tandis que la salle 8 est consacrée à sa première période thématique significative : la période bleue. *La dona de la còfia* (Femme au bonnet, 1901) en est une œuvre importante ; elle représente une détenue, atteinte d'une maladie vénérienne, de la prison pour femmes de Saint-Lazare, que Picasso visita à Paris. Cette toile témoigne de la fascination du peintre pour les classes les plus défavorisées. La vue nocturne *Terrats de Barcelona* (Les Toits de Barcelone, 1903), et *El foll* (Le Fou, 1904 ; souvent prêté), dans une palette de couleurs froides, appartiennent également à cette phase créatrice.

Les premières œuvres cubistes

Picasso dessina beaucoup de mendiants, d'aveugles et de vieillards démunis autour de 1903-1904. Il en vint au portrait de Benedetta Bianco (*Retrato de la senora Canals*, 1905, salle 9), qui témoigne de sa période rose, puis au cubisme. Le Museu Picasso

Museu Picasso

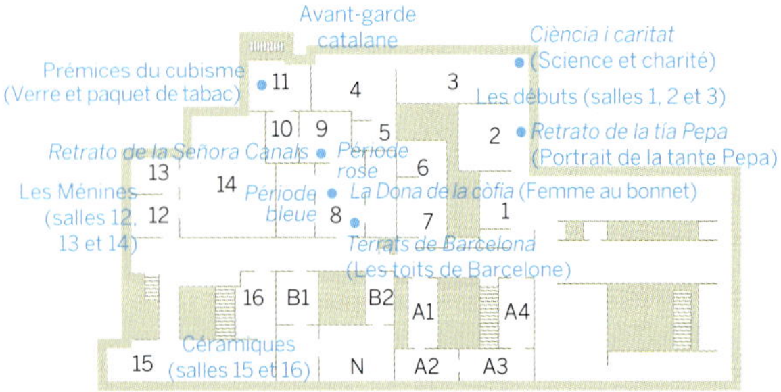

n'abrite que peu d'œuvres de cette période cubiste ; parmi celles-ci, ne manquez pas *Copa y paquete de tabaco* (Verre et paquet de tabac, 1924, salle 11), aussi simple que beau et marquant le début de sa fascination pour la nature morte.

Les Ménines vues par Picasso
De 1954 à 1962, Picasso n'eut de cesse de "redécouvrir" les grands maîtres de la peinture. Il réalisa en 1957 une série d'interprétations du chef-d'œuvre de Diego Velásquez, *Les Ménines* (*Las Meninas)*, exposées dans les salles 12 à 14. On dirait que Picasso a contemplé l'original de Velásquez à travers un prisme reflétant tous les styles qu'il avait travaillés jusqu'alors, pour créer son propre chef-d'œuvre. Ne manquez pas l'occasion de voir ce merveilleux ensemble au complet, mis en valeur dans un bel espace.

Céramiques
Ce musée permet également de découvrir des pratiques artistiques plus méconnues de Picasso. Les dernières salles abritent des gravures et quelque 42 pièces de céramique réalisées durant les dernières années de sa vie si prolifique, notamment des assiettes et des bols ornés de dessins linéaires représentant poissons, chouettes et autres animaux récurrents dans ses œuvres en argile. On peut aussi voir voir des portraits de Jacqueline, dernière épouse et égérie de l'artiste, peints à partir des années 1960 (salle 16).

L'organisation du musée
La collection permanente est exposée dans le Palau Aguilar, le Palau del Baró de Castellet et le Palau Meca, tous du XIVe siècle. La Casa Mauri (XVIIIe siècle), construite sur des ruines médiévales (et même quelques vestiges romains), et le Palau Finestres (XIVe siècle) attenant accueillent les expositions temporaires.

Les incontournables

La Basílica de Santa Maria del Mar

Au sud-ouest du Passeig del Born, se dresse l'abside de la plus belle église gothique catalane de Barcelone, la sobre et harmonieuse Santa Maria del Mar (Sainte-Marie de la Mer), édifiée à partir de 1329 d'après les plans des architectes Berenguer de Montagut et Ramon Despuig. Elle est connue pour avoir été en partie bâtie par des paroissiens, notamment des débardeurs du port voisin.

PLAN P. 82, E5

93 310 23 90

www.santamariadelmarbarcelona.org

Plaça de Santa Maria del Mar

9h-20h30 lun-sam, 10h-20h dim

M Jaume I

La nef et le chœur

L'agréable uniformité symétrique de la nef centrale et des deux bas-côtés est due à la rapidité avec laquelle l'église fut bâtie : seulement 54 ans, un record. Les piliers octogonaux élancés créent un vaste espace latéral baigné par la lumière filtrée des vitraux.

Plafond et chapelles latérales

Même avant que des anarchistes ne la saccagent en 1909 puis en 1936 (lorsqu'elle a brûlé pendant 11 jours), Santa Maria était dépourvue de décorations ostentatoires. Les chapelles dorées, typiques de nombreuses églises espagnoles, ne sont plus, et les jolies touches de couleur au-dessus de la nef sont exceptionnellement subtiles. Le tout souligne les belles proportions de l'église, la pureté des lignes et la sensation d'espace qui en résulte.

Les débardeurs

Lors du chantier de la basilique, les *bastaixos* (débardeurs) de la ville transportaient un jour par semaine la pierre de construction extraites des carrières royales de Montjuïc. Leur souvenir vit à jamais dans des reliefs qui les représentent sur les portails et d'autres sculptures dans l'édifice, rappellent la vocation populaire de Santa Maria.

Visites guidées

De 13h à 17h (14h-17h dim), une visite guidée payante (10 €) donne accès à la nef, aux galeries et à la crypte. Un circuit distinct couvre les tours et les terrasses (8,50 €). Des concerts ont lieu à l'occasion ; consultez le site Web ou demandez sur place.

★ À savoir

- Une visite guidée (13h-17h) permet d'arpenter les terrasses du toit.
- Pour un moment spirituel, assistez à la messe quotidienne à 19h30.
- Des concerts de musique baroque sont parfois programmés le soir ; renseignez-vous à la boutique de souvenirs.

Une petite pause ?

Déjeunez de tapas et de vins catalans sur la terrasse de la Vinya del Senyor (p. 81) qui donne sur la façade ouest de la basilique.

Sinon, un festin de *pintxos* basques vous attend à l'Euskal Etxea (p. 81).

Promenade à pied

Bars et tapas dans El Born

Si un endroit condense les multiples facettes irrésistibles de la ville, c'est bien El Born, cet enchevêtrement de rues autour de la Basílica de Santa Maria del Mar et du séduisant Passeig del Born. C'est ici que viennent les Barcelonais en quête d'une soirée authentique.

Itinéraire

Départ La Vinya del Senyor ; M Jaume I

Arrivée Bar Sauvage ; M Jaume I

Distance 1,5 km

Durée 4-5 heures

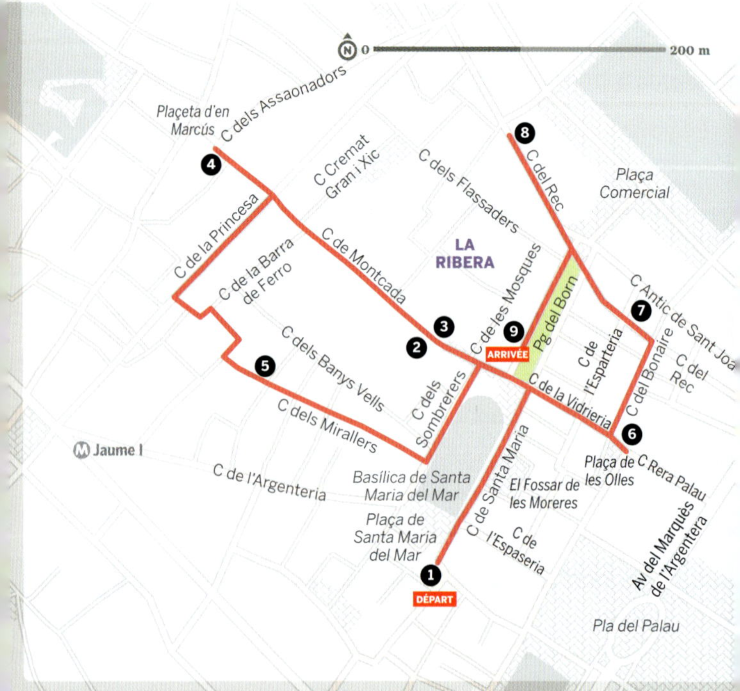

❶ La Vinya del Senyor

Commencez par une dégustation de vins catalans à la **Vinya del Senyor** (☎93 310 33 79 ; www.lavinyadelsenyor.es/fr ; Plaça de Santa Maria del Mar 5 ; 🕓12h-1h dim-jeu, 12h-2h ven-sam ; 📶; Ⓜ Jaume I), en face de la basilique.

❷ El Xampanyet

Sur le Passeig del Born, accordez-vous une pause *cava* (vin pétillant) et tapas maison à **El Xampanyet** (☎93 319 70 03 ; Carrer de Montcada 22 ; 🕓12h-15h30 et 19h-23h mar-sam, 12h-15h30 dim ; 📶; Ⓜ Jaume I).

❸ Euskal Etxea

Après les tapas catalanes, il est temps de goûter les *pintxos* (tapas basques sur du pain) entre les murs en pierre apparente d'**Euskal Etxea** (☎93 310 21 85 ; www.gruposagardi.com ; Placeta de Montcada 1-3 ; *pintxos* 2 €, plats 12-26 € ; 🕓bar 10h-0h30 dim-jeu, 10h-1h ven-sam, restaurant 13h-16h et 19h-0h ; 📶; Ⓜ Jaume I).

❹ Bar del Pla

Faites un détour par le très animé **Bar del Pla** (☎93 268 30 03 ; www.bardelpla.cat ; Carrer de Montcada 2 ; tapas 4-11 €, plats 9-15 € ; 🕓12h-23h lun-jeu, 12h-0h ven-sam ; 📶; Ⓜ Jaume I) pour picorer des champignons au wasabi entre autres tapas originales.

❺ Dr Stravinsky

Faites un détour afin de tester les incroyables cocktails expérimentaux à base d'ingrédients concoctés maison du **Dr Stravinsky** (☎93 157 12 33 ; www.drstravinsky.cat ; Carrer dels Mirallers 5 ; 🕓18h-2h30 ; Ⓜ Jaume I).

❻ Cal Pep

Dans une ambiance survoltée, **Cal Pep** (☎93 310 79 61 ; www.calpep.com ; Plaça de les Olles 8 ; plats 10-20 € ; 🕓19h30-23h30 lun, 13h-15h45 et 19h30-23h30 mar-sam, fermé 3 dernières semaines d'août ; Ⓜ Barceloneta) propose des tapas de fruits de mer de premier ordre.

❼ Farola

Des concerts variés allant du jazz mélancolique au flamenco trépidant contribuent à l'atmosphère vivante du **Farola** (☎663 332 643 ; www.farolabcn.com ; Carrer del Rec 67 ; 🕓17h-2h30 dim-jeu, 16h-3h30 ven-sam), expert en cocktails.

❽ Bormuth

Direction **Bormuth** (☎93 310 21 86 ; bormuthbarcelona.com ; Carrer del Rec 31 ; tapas 5-10 € ; 🕓12h30-1h30 dim-jeu, 12h30-2h ven-sam ; 📶 ; Ⓜ Jaume I) pour son vermouth maison, ses vins catalans et son *cava*.

❾ Bar Sauvage

Le festif **Bar Sauvage** (☎93 832 51 84 ; barsauvage.com ; Passeig del Born 13 ; 🕓19h-3h ; Ⓜ Jaume I) associe des cocktails à base d'alcool latino-américains (10-12 €) à des en-cas mexicains et péruviens.

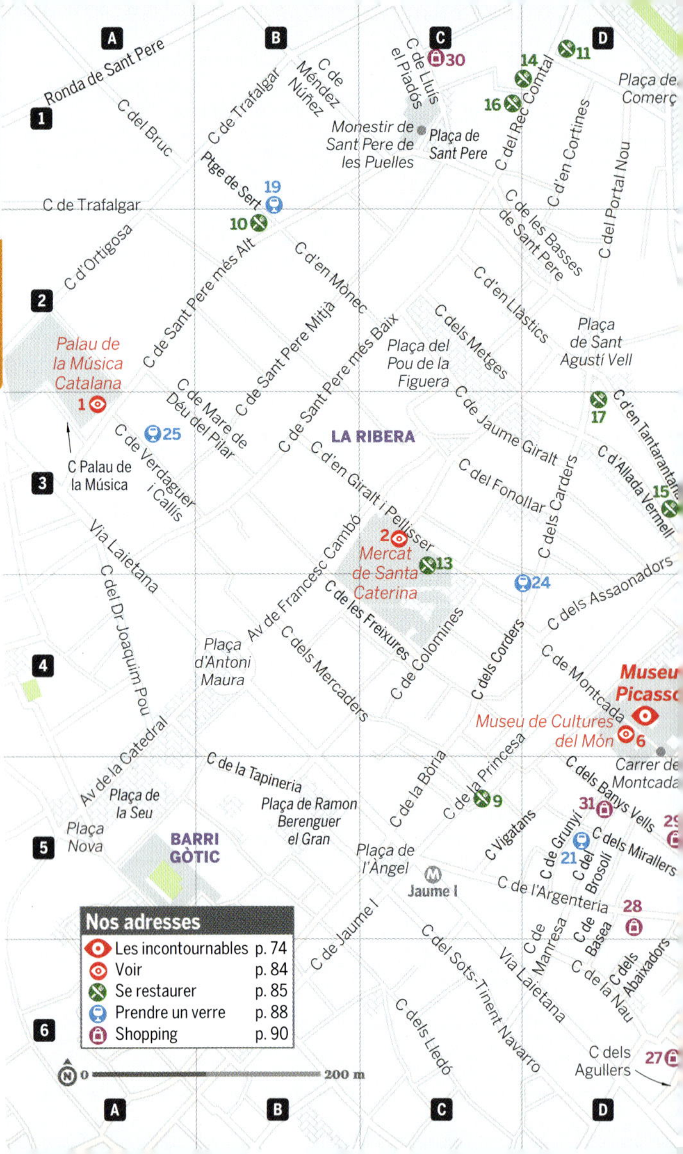
A
B
C
D
1
2
3
4
5
6
Ronda de Sant Pere
C del Bruc
C de Trafalgar
C de Méndez Núñez
C de Lluís el Piadós
30
14
11
16
C del Rec Comtal
Plaça de Comerç
Monestir de Sant Pere de les Puelles
Plaça de Sant Pere
C d'en Cortines
C del Portal Nou
Ptge de Sert
19
10
C de Trafalgar
C d'Ortigosa
C de Sant Pere més Alt
C d'en Mònec
C de les Basses de Sant Pere
C d'en Llàstics
Plaça de Sant Agustí Vell
Palau de la Música Catalana
1
C de Sant Pere Mitjà
C de Sant Pere més Baix
Plaça del Pou de la Figuera
C dels Metges
C de Mare de Déu del Pilar
C de Jaume Giralt
17
C d'en Tantarantana
25
C de Verdaguer i Callís
LA RIBERA
C Palau de la Música
C d'en Giralt i Pellisser
C del Fonollar
C dels Carders
C d'Allada Vermell
15
Via Laietana
2
Mercat de Santa Caterina
13
24
C del Dr Joaquim Pou
Av de Francesc Cambó
C de les Freixures
C dels Assaonadors
Plaça d'Antoni Maura
C dels Mercaders
C de Colomines
C dels Corders
C de Montcada
Museu Picasso
Museu de Cultures del Món
6
Av de la Catedral
C de la Tapineria
C de la Bòria
C de la Princesa
Carrer de Montcada
C dels Banys Vells
Plaça de la Seu
Plaça de Ramon Berenguer el Gran
9
31
29
Plaça Nova
BARRI GÒTIC
Plaça de l'Àngel
C Vigatans
C de Grunyí
21
C del Brosolí
C dels Miralles
Jaume I
C de l'Argenteria
28
C de Jaume I
C de Manresa
C de Basea
C dels Abaixadors
C del Sots-Tinent Navarro
Via Laietana
C de la Nau
C dels Lledó
C dels Agullers
27
Nos adresses
Les incontournables p. 74
Voir p. 84
Se restaurer p. 85
Prendre un verre p. 88
Shopping p. 90
N
0
200 m

E
F
G
H
1
2
3
4
5
6
Pg de Lluís Companys
Pg de Lluís Companys
Pg de Pujades
Cascada
3
Parc de la Ciutadella
7
Foto Colectania
C del Comerç
C de la Princesa
Pg de Picasso
C de la Fusina
C Comercial
Born Centre de Cultura i Memòria
5
Plaça Comercial
C de la Ribera
C dels Flassaders
8
23
20
EL BORN
33
12
C del Comerç
C Antic de Sant Joan
Av del Marquès de l'Argentera
Pg de Circumval·lació
Passeig del Born
4
26
22
C de l'Espartería
C del Bonaire
C del Rec
C dels Sombrerers
C de la Vidrieria
32
C de Santa Maria
El Fossar de les Moreres
C Rera Palau
Estació de França
18
C d'Ocata
Basílica de Santa Maria del Mar
C dels Canvis Vells
C dels Canvis Nous
Pla del Palau
C de la Marquesa
C del Doctor Aiguader
Ronda del Litoral
Pg d'Isabel II
Barceloneta
LA BARCELONETA

Voir

Palau de la Música Catalana

ARCHITECTURE

1 PLAN P. 82, A3

Symphonie de céramiques, de briques, de pierres sculptées et de vitraux, cette salle de concert de 2 146 places inscrite au patrimoine mondial de l'Unesco est l'un des fleurons de l'architecture moderniste de Barcelone. Construite pour la société musicale Orfeo Català par Domènech i Montaner entre 1905 et 1908, avec l'aide des meilleurs artisans catalans de l'époque, elle fut conçue comme un temple de la Renaixença (Renaissance) catalane. Assister à un concert (classique, flamenco, jazz et même pop…) est une expérience inoubliable (billets à partir de 15 €). (93 295 72 00 ; www.palaumusica.cat ; Carrer de Palau de la Música 4-6 ; tarif plein/réduit/-10 ans 20/16 €/gratuit ; visites guidées 10h-15h30 sept-juin, 10h-18h Pâques et juil, 9h-18h août ; M Urquinaona)

Mercat de Santa Caterina

MARCHÉ

2 PLAN P. 82, C3

Cette superbe halle abritant le marché d'alimentation du quartier a été conçue par Enric Miralles et Benedetta Tagliabue pour remplacer celle du XIXe siècle. Achevée en 2005, elle se distingue par son toit kaléidoscopique et ondulant porté par des poteaux en acier. Elle abrite stands, restaurants et bars. (93 319 57 40 ; www.mercatdesantacaterina.com ; Avinguda de Francesc Cambó 16 ; gratuit ; 7h30-15h30 lun, mer et sam, 7h30-20h30 mar, jeu et ven, fermé l'après-midi sauf ven juil-août ; M Jaume I)

Parc de la Ciutadella

PARC

3 PLAN P. 82, G2

Dans le grand poumon vert du centre-ville, vous pourrez pique-niquer, canoter, voir le Parlement de Catalogne et la cascade de la fontaine monumentale à laquelle contribua Gaudí. Créé entre 1872 et 1888, le parc doit son nom à l'énorme citadelle qui s'élevait jadis du côté est de la Ribera. (Passeig de Picasso ; 10h-22h30 ; ; M Arc de Triomf)

Passeig del Born

RUE

4 PLAN P. 82, E5

Flanqué de la majestueuse Basílica de Santa Maria del Mar et de l'ancien Mercat del Born, le Passeig del Born fut entre le XIIIe et le XVIIIe siècle le lieu des joutes et tournois, des processions de la Semaine sainte et des exécutions ordonnées par l'Inquisition. (M Barceloneta, Jaume I)

Born Centre de Cultura i Memoria

MONUMENT HISTORIQUE

5 PLAN P. 82, E3

Inauguré en 2013 à l'occasion du tricentenaire de la défaite catalane dans la guerre de Succession d'Espagne, cet espace culturel occupe l'ancien Mercat del Born, une superbe halle du XIXe siècle en acier et en brique réalisée par Josep Fontserè. En 2001, des fouilles ont mis au jour les vestiges de rues entières qui avaient été rasées pour construire la citadelle voulue par Felip V au début du XVIIIe siècle. Ces voies, dont certains tronçons remontent aux périodes romaine et islamique, sont visibles au sous-sol. (☎93 256 68 51 ; elbornculturaimemoria.barcelona.cat ; Plaça Comercial 12 ; centre gratuit, expositions tarif plein/réduit/-16 ans 4,50/3,15 €/gratuit ; ⏲10h-20h mar-dim ; M Jaume I)

Museu de Cultures del Món

MUSÉE

6 PLAN P. 82, D4

Ouvrant sur une cour majestueuse dominée par un escalier du XVIIIe siècle, le Palau Nadal et le Palau Marquès de Llió, d'époque médiévale, abritent le musée des Cultures du monde. Les pièces issues de collections publiques et privées, dont beaucoup proviennent du Museu Etnològic (p. 160) de Montjuïc, font voyager le visiteur à travers les civilisations anciennes d'Afrique, d'Asie, d'Amérique et d'Océanie. (☎93 256 23 00 ; www.barcelona.cat ; Carrer de Montcada 12 ; tarif plein/réduit/-16 ans 5/3,50 €/gratuit, gratuit 15h-20h dim et 1er dim du mois ; ⏲10h-19h mar-sam, 10h-20h dim ; M Jaume I)

Foto Colectania

GALERIE

7 PLAN P. 82, E2

Cette fondation d'El Born au cadre minimaliste présente des expos de photographes du monde entier, régulièrement renouvelées. Elle s'emploie également à promouvoir la photographie catalane et espagnole. (☎93 217 16 26 ; fotocolectania.org ; Passeig de Picasso 14 ; tarif plein/réduit/- 14 ans 4/3 €/gratuit, entrée libre 1er dim du mois ; ⏲11h-20h mar-sam, 11h-15h dim ; M Arc de Triomf, Jaume I)

Se restaurer

Casa Delfín

CATALAN **€€**

8 PLAN P. 82, E4

Parmi les fleurons culinaires d'El Born, cette table offre le meilleur de la tradition catalane et méditerranéenne. La carte change en fonction des produits du marché mais peut comprendre, par exemple, des poivrons de Padrón au gros sel, des anchois charnus de L'Escala, de copieuses paellas ou du *suquet dels pescadors* (ragoût de poisson) pour deux. La présentation créative ajoute aux plats une touche de modernité. Service impeccable. (☎93 319 50 88 ; www.casadelfinrestaurant.com ; Passeig del Born 36 ; tapas 6-11 €, plats 12-20 € ; ⏲12h-0h dim-jeu, 12h-1h ven-sam ; 📶 ; M Jaume I)

Can Cisa/Bar Brutal

ESPAGNOL **€€**

9 PLAN P. 82, C5

Les vins espagnols, italiens et français 100% naturels du Can Cisa se marient à merveille avec

Carrer de Montcada

Cette **grande artère** (M Jaume I) qui court aujourd'hui entre le Passeig del Born et la Capella d'en Marcús, un ermitage d'époque romane, remonte au XIIe siècle. Elle s'étendait à l'origine des remparts vers le nord-est, avant d'être prolongée en direction de la mer. Adresse prisée de la classe marchande à l'époque médiévale, elle conserve de belles demeures datant pour l'essentiel des XIVe et XVe siècles.

la cuisine innovante du Bar Brutal, lieu bruyant et branché des frères Colombo, personnalités du monde de la restauration barcelonaise. On y revisite les produits du terroir catalan : poulpe au chou chinois, salade de tomates et melon et fromages artisanaux sortant de la cuisine ouverte attirent une clientèle jeune jusqu'à une heure tardive. (93 295 47 97, 93 319 98 81 ; barbrutal.com ; Carrer de la Princesa 14 ; plats 11-20 € ; 19h-1h30 lun, 13h-16h et 19h-2h mar-jeu, 13h-2h ven-sam oct-juin, 19h-2h lun-jeu, 13h-2h ven-sam juil-sept ; M Jaume I)

Casa Lolea TAPAS €

10 PLAN P. 82, B2

Des murs en brique blanchis à la chaux, un décor à pois rouge et noir et des guirlandes de tomates et de têtes d'ail confèrent à ce joyeux bar à tapas et vermouth un petit air andalou. L'endroit est populaire pour ses classiques avec une pointe d'originalité tels qu'œufs brouillés aux champignons, tortilla préparée sur commande et assiette de jambon cru et fromages du nord de l'Espagne. (93 624 10 16 ; www.casalolea.com ; Carrer de Sant Pere més Alt 49 ; tapas 4-14 € ; 9h-1h ;)

Fismuler MÉDITERRANÉEN €€€

11 PLAN P. 82, D1

Après avoir fait sensation avec Fismuler Madrid, trois anciens chefs du célébrissime El Bulli récidivent à Barcelone. Renouvelée chaque jour, la carte se compose de plats espagnols et méditerranéens sans prétention habilement concoctés à partir de produits frais du marché : huîtres du delta de l'Èbre, omelette à la morue, salade de burrata aux truffes, loup mijoté au fenouil, cheesecake moelleux... Des vins catalans accompagnent les mets. (93 514 00 50 ; www.fismuler.com ; Carrer del Rec Comtal 17 ; tapas 4-17 €, plats 20-25 € ; 13h30-16h et 20h-23h dim-mer, 20h-23h30 jeu-sam ; ; M Arc de Triomf)

Koku Kitchen Buns ASIATIQUE €

12 PLAN P. 82, F4

De savoureux *bao* maison au bœuf, porc ou tofu, des raviolis, du phô vietnamien et de la citronnade fraîche, le tout essentiellement à base d'ingrédients locaux, à déguster sur des tables communes dans une salle en brique apparente agrémentée de plantes. Il y a aussi un excellent bar à ramen et gyoza (fermé au déjeuner juin-août) au sous-sol. Menu déjeuner très avantageux en semaine (13,50 €). (93 269 65 36 ; www.kokukitchen.es ; Carrer del Comerç 29 ; plats 9-11 € ; 13h-16h et 19h30-23h30 ; ; M Barceloneta)

Bar Joan

CATALAN €

13 PLAN P. 82, C3

Cette sympathique adresse à l'ancienne dans le Mercat de Santa Caterina (p. 84) est particulièrement réputée pour son *arròs negre* (riz à l'encre de seiche) du mardi et sa paella du jeudi. Simple et d'un bon rapport qualité/prix, elle sert des tapas, des *entrepans* (sandwichs) et un *menú del dia* très avantageux offrant un large choix. (93 310 61 50 ; Avinguda de Francesc Cambó 16, Mercat de Santa Caterina ; menú del dia 12,50 €, tapas 3-5 € ; 7h30-15h30 lun, mer et sam, 7h30-17h mar, jeu et ven ; ; M Jaume I)

Nakashita

JAPONAIS €€

14 PLAN P. 82, C1

L'histoire de l'immigration au Brésil fait qu'il y existe une vraie tradition de cuisine japonaise. Le chef brésilien du Nakashita prépare ainsi à merveille sashimis, makis, crabe en mue et *kakiage* (assortiment de tempura). Essayez de réserver, car il y a peu de tables. (93 295 53 78 ; www.nakashitabcn.com ; Carrer del Rec Comtal 15 ; plats 10-22 € ; 13h-16h et 20h-0h ; ; M Arc de Triomf)

Tantarantana

MÉDITERRANÉEN €

15 PLAN P. 82, D3

Un mouchoir de poche à poutres apparentes, carrelage à motifs et tables en marbre, fréquenté par une clientèle enjouée. La carte aux accents méditerranéens à base de produits frais, comprend des plats tels que risotto aux cèpes et truffes, aubergines au miel légèrement citronnées ou morue confite accompagnée de ratatouille et d'émulsion d'ail. La tarte au citron meringuée est un régal. Terrasse à la belle saison. (93 268 24 10 ; www.gruposantelmo.com ; Carrer d'en Tantarantana 24 ; tapas 5-10 €, plats 9-12 € ; 13h-0h ; ; M Jaume I)

Elsa y Fred

INTERNATIONAL €

16 PLAN P. 82, C1

Baptisé du nom d'un film argentin, ce restaurant ressemble à un douillet salon rétro avec cheminée, miroirs et fauteuils en cuir profonds. On y mange des tapas gastronomiques du type salade de mandarine et d'orange au fromage de chèvre ou supions au yuzu. Un menu déjeuner à 14,50 € en semaine, des pâtisseries, des cocktails et un brunch le week-end jusqu'à 16h complètent l'offre. (93 501 66 11 ; www.elsayfred.es ; Carrer del Rec Comtal 11 ; tapas et brunch 4-10 € ; 8h30-0h lun-ven, 9h-0h sam-dim ; ; M Arc de Triomf)

Mosquito

ASIATIQUE €

17 PLAN P. 82, D3

Si vous traînez plusieurs jours à El Born, vous tomberez inévitablement sur ce petit resto sans fioritures toujours animé. Sa spécialité ? Les "tapas asiatiques" (phô vietnamien, *edamame* salés, *dim sum* chinois, gyoza japonais...). Bières artisanales et thés de la maison barcelonaise **Čaj Chai** (☎93 301 95 92 ; www.cajchai.com ; Carrer de Salomó Ben Adret 12 ; 🕒10h30-22h jeu-lun ; Ⓜ Jaume I) figurent parmi les boissons. Pas de réservation. (☎93 268 75 69 ; www.mosquitotapas.com ; Carrer dels Carders 46 ; plats 3-6 € ; 🕒19h-23h lun, 13h-17h et 19h-23h mar-dim)

Prendre un verre

Paradiso/ Pastrami Bar

BAR À COCKTAILS €

18 PLAN P. 82, E5

On pénètre d'abord dans un espace blanc exigu, où l'on peut commander un sandwich au pastrami, à l'effiloché de porc ou autres préparations maison. Derrière la porte de réfrigérateur en bois se cache un bar "clandestin" glamour qui séduit même les plus blasés. Les cocktails (9-12 €), pleins d'originalité et préparés de main de maître, valent l'attente. (☎639 310671 ; www.paradiso.cat ; Carrer de Rera Palau 4 ; 🕒19h-1h15 dim-jeu, 19h-2h15 ven-sam ; 📶 ; Ⓜ Barceloneta)

Nømad Cøffee Lab & Shop

CAFÉ

19 PLAN P. 82, B1

Roi des torréfacteurs "troisième vague" (entendez, recentré sur la qualité et les saveurs) à Barcelone, Nømad se distingue par sa sélection saisonnière de cafés de petits producteurs et ses techniques expérimentales. Fort de son expérience londonienne, le barista Jordi Mestre à la tête de cette adresse minimaliste aux airs de laboratoire propose expressos, *flat whites* et autres cafés (2-5 €) savamment préparés à l'aide de méthodes diverses (Aeropress, infusion à froid...). Séances dégustations également. (☎628 566235 ; www.nomadcoffee.es ; Passatge de Sert 12 ; 🕒8h30-17h lun-ven ; Ⓜ Urquinaona)

Guzzo

BAR À COCKTAILS

20 PLAN P. 82, E4

Rempli de bonnes vibrations à tout moment de la journée, ce bar à la fois chic, tendance et décontracté est tenu par le DJ vedette de Barcelone Fred Guzzo, souvent aux platines pour mixer des morceaux choisis de funk, de soul et de groove. Des concerts sont aussi fréquemment programmés. Excellents mojitos (8 €) et savoureuses tapas maison, comme la burrata en provenance directe du marché de Santa Caterina. (☎93 667 00 36 ; www.guzzoclub.es ; Plaça Comercial 10 ;

19h-23h30 lun-ven, 13h-16h et 19h-23h30 sam-dim ; ; M Jaume I)

Mag by El Magnífico

CAFÉ

21 PLAN P. 82, D5

El Magnífico (p. 90), l'une des meilleures brûleries barcelonaises, a ouvert cet élégant café de style scandinave dans un bel immeuble du XIXe siècle à poutres apparentes, voûtes catalanes et vitraux d'origine. Venez siroter un expresso (2 €) issu de mélanges de saison et grignoter des viennoiseries de la Pastisseria Hofmann (p. 91) voisine au milieu des grosses machines de torréfaction. (93 488 57 86 ; www.facebook.com/magbyelmagnifico ; Carrer de Grunyí 10 ; 10h-18h ven-dim ; M Jaume I)

Creps al Born

BAR À COCKTAILS

22 PLAN P. 82, E5

Un endroit bruyant, festif et plein à craquer, dont la clientèle déborde dans le Passeig del Born. Cocktails artisanaux (10-12 €) très créatifs, mojitos et crêpes pour les petits creux. (93 269 03 25 ; www.facebook.com/CrepsalBorn ; Passeig del Born 12 ; 18h-3h lun-ven, 12h-4h sam, 12h-2h dim ; M Jaume I)

El Diset

BAR À VINS

23 PLAN P. 82 F4

Presque exclusivement dédié aux vins catalans – Terra Alta, Montsant, Penedès, Priorat et autres (4-7 € le verre) –, ce bar de style scandinave éclairé par des bougies organise aussi des dégustations. Côté cuisine, le choix de tapas va des *torrades* (tranches de pain grillé avec garniture) au *tataki* de thon en passant par les fromages de la région. (93 268 19 87 ; www.facebook.com/eldiset ; Carrer Antic de Sant Joan 3 ; 19h-2h lun-jeu, 19h-3h ven, 13h-3h sam, 13h-2h dim ; M Barceloneta)

La Catalista

BAR À VINS

24 PLAN P. 82, D4

Les plantes grimpantes, le comptoir en marbre et les murs en pierre apparente dessinent un décor stylé pour goûter des vins catalans (4-6 € le verre), souvent bio ou naturels, produits par des artisans-vignerons engagés. Laila Bazham, la cheffe du restaurant fusion à succès Hawker 45 (p. 126), est à l'origine des plats créatifs (champignons ou légumes grillés avec labneh et houmous à l'ail noir, par exemple) qui se marient avec. (93 212 87 75 ; www.lacatalista.com ; Carrer dels Carders 11 ; 14h-tard mar-ven, 10h-tard sam, 10h-16h dim ; ; M Jaume I)

Bar de l'Antic Teatre

BAR

25 PLAN P. 82, A3

Il y a souvent la queue pour avoir une table dans la cour bohème, à l'ombre d'un figuier, de ce café-bar décontracté. Il occupe un bâtiment du XVIIe siècle, le long d'une ruelle en face du Palau de la Música Catalana. Bien agréable pour un café matinal, une bière ou un verre de vin (3 €). (☎93 315 23 54 ; www.anticteatre.com ; Carrer Verdaguer i Callís 12 ; 10h-23h30 lun-jeu, 10h-0h ven, 17h-0h sam, 17h-23h30 dim ; ; M Urquinaona)

Clubhaus BAR

26 PLAN P. 82, F5

Au rez-de-chaussée : table de ping-pong, cocktails artisanaux, en-cas carnés d'inspiration américaine et DJ à partir de 23h. À l'étage : murs en béton couverts de street art, table de billard animée et cuisine de rue mexicaine. Du café au brunch et de l'apéritif au karaoké nocturne, il se passe toujours quelque chose dans cet espace multi-concepts ouvert en 2019, où des artistes locaux exposent leurs œuvres. L'accent est mis sur les produits faits maison et la moindre utilisation possible du plastique. (☎93 858 84 66 ; www.clubhaus.es ; Avinguda del Marquès de l'Argentera 13 ; 18h-2h30 lun-jeu, 17h-3h ven, 13h-3h sam, 13h-2h30 dim ; M Barceloneta)

Casa Gispert

HANS GEEL/SHUTTERSTOCK ©

Shopping

Vila Viniteca ALIMENTATION

27 PLAN P. 82, D6

L'un des meilleurs cavistes d'une ville, qui n'en manque pas, Vila Viniteca traque le nec plus ultra de la production vinicole depuis 1932. Doté de quelques tables, il organise des dégustations à la demande toute l'année et invite plusieurs soir de novembre des vignerons pour présenter leur vin nouveau. (www.vilaviniteca.es ; Carrer dels Agullers 7 ; 8h30-20h30 lun-sam ; M Jaume I)

El Magnífico CAFÉ

28 PLAN P. 82, D5

Depuis trois générations, les propriétaires de cette brûlerie familiale sélectionnent des variétés de cafés du monde entier en respectant les saisons et les torréfient dans les règles de l'art. Leurs produits, diffusés partout en ville, ont un arôme incomparable qui frappe dès l'entrée. On peut les goûter sur place ou au café Mag (p. 89), dans la Carrer de Grunyí voisine. (www.cafeselmagnifico.

com ; Carrer de l'Argenteria 64 ; 10h-20h lun-sam ; M Jaume I)

Capsule MODE ET ACCESSOIRES

29 PLAN P. 82, D5

Dans une écurie en brique revisitée, cette boutique vend de sobres vêtements et objets de déco de petites marques indépendantes et éthiques, d'Espagne ou d'ailleurs. L'accent est mis sur l'artisanat féminin, les techniques traditionnelles et les matériaux bio. (www.capsulebcn.com ; Carrer dels Banys Vells 21 ; 12h-20h mar-sam ; M Jaume I, Barceloneta)

Working in the Redwoods CÉRAMIQUES

30 PLAN P. 82, C1

La créatrice catalane Miriam Cernuda réalise, dans son studio/atelier zen proche de l'Arc de Triomf, des vases et de la vaisselle en céramique aux lignes épurées qui s'inspirent des couleurs de la Costa Brava. Elle dispense aussi des cours à l'occasion (voir site Web). (93 301 66 63 ; www.workingintheredwoods.com ; Carrer de Lluís el Piadós 4 ; 12h-20h lun-sam ; M Arc de Triomf)

Ozz Barcelona MODE ET ACCESSOIRES

31 PLAN P. 82, D5

Les stylistes barcelonais d'avant-garde sont à l'honneur dans cette boutique concept de "slow fashion" doublée d'un espace de coworking. On y trouve des bijoux faits main et des vêtements originaux de griffes indépendantes qui montent, comme Txell Miras, IKA, Ester Gueroa et Antonio Rodríguez. (93 315 84 81 ; www.ozzbarcelona.com ; Carrer dels Banys Vells 8 ; 10h30-20h ; M Jaume I)

Casa Gispert ALIMENTATION

32 PLAN P. 82, D5

Cette épicerie fine à la devanture d'antan grille des fruits à coque et vend toutes sortes de fruits secs depuis 1851. Les pots et bocaux en rangs serrés sur les étagères contiennent un choix incroyable de petites choses à grignoter qui font saliver d'avance. (93 319 75 35 ; www.casagispert.com ; Carrer dels Sombrerers 23 ; 10h-20h30 lun-sam ; M Jaume I)

Pastisseria Hofmann ALIMENTATION

33 PLAN P. 82, E4

Cette petite pâtisserie raffinée à l'intérieur turquoise et au mobilier en bois peint appartient à la prestigieuse école de cuisine du même nom. Entre viennoiseries, gâteaux, confitures et autres douceurs, les gourmands ne sauront que choisir. Hofmann possède aussi un café à quelques numéros de là. (93 268 82 21 ; www.hofmann-bcn.com ; Carrer dels Flassaders 44 ; 9h-14h et 15h30-20h lun-sam, 9h-14h dim ; M Barceloneta, Jaume I)

Explorer

La Barceloneta, le front de mer et El Poblenou

En quelques décennies, l'ancien front de mer industriel de Barcelone s'est radicalement transformé, avec des plages étincelantes, des tours ultramodernes, des ports de plaisance et une jolie promenade au bord de l'eau. Tourné vers la Méditerranée, le vieux quartier de pêcheur de la Barceloneta se démarque par ses tables de poisson. Au nord-est, El Poblenou a également délaissé l'Industrie, au profit du design et des nouvelles technologies. Ses plages ont beaucoup de succès.

Notre sélection

- ***Plages d'El Poblenou (p. 96)***. *Baignade et bronzette avant une pause déjeuner dans un* xiringuito.
- ***Restaurants de la Barceloneta (p. 95)***. *D'agréables bars à tapas sans chichis à l'image de La Cova Fumada et d'excellents restaurants de poisson.*
- ***El Poblenou tendance (p. 100)***. *Un quartier en plein essor dynamisé par des projets artistiques ambitieux, des cafés pleins d'idées et des boutiques d'avant-garde.*
- ***Museu d'Història de Catalunya (p. 98)***. *Un voyage de la Préhistoire aux résistants de la guerre civile espagnole, et un restaurant panoramique.*

Comment y aller

M Descendez à Drassanes (ligne 3) pour vous rendre à Port Vell ; Barceloneta (ligne 4) dessert le quartier du même nom. La ligne 4 continue jusqu'à Ciutadella Vila Olímpica (pour Port Olímpic), El Poblenou et El Maresme Fòrum.

Plan du quartier p. 96

La Barceloneta, le front de mer et El Poblenou
ARCHITECTE : RICARDO BOFILL; LENA SERDITOVA/SHUTTERSTOCK©

Promenade à pied

Ambiance maritime

C'est à La Barceloneta, péninsule ensoleillée à l'air salé entretenant un lien ancestral avec la mer, que s'expriment le mieux les racines méditerranéennes de Barcelone. La plupart du temps, les habitants y sont plus nombreux que les touristes, du moins le week-end à en croire le nombre de Barcelonais qui investissent les restaurants et les plages.

Itinéraire

Départ Can Paixano ; M Barceloneta

Arrivée Port Olímpic ; M Ciutadella Vila Olímpica

Distance 2,5 km

Durée aussi longtemps que vous le voulez !

❶ Can Paixano

Cela fait bien longtemps que le très authentique **Can Paixano** (93 310 08 39 ; www.canpaixano.com ; Carrer de la Reina Cristina 7 ; 9h-22h30 lun-sam ; M Barceloneta), l'un des meilleurs bars à *cava* de la ville, applique la même formule gagnante : un rosé pétillant maison pas cher accompagné de minis *entrepans* et de tapas.

❷ 1881

Montez au dernier étage du Museu d'Història de Catalunya pour profiter de l'élégante terrasse du bar-restaurant **1881** (93 221 00 50 ; www.gruposagardi.com ; Plaça de Pau Vila 3 ; plats 18-35 € ; 10h-0h ; ; M Barceloneta). L'établissement a pour spécialités le *txuletón* (côte de bœuf basque) et les fruits de mer.

❸ Vaso de Oro

Adresse à l'ancienne perpétuellement bondée, le **Vaso de Oro** (93 319 30 98 ; www.vasodeoro.com ; Carrer de Balboa 6 ; tapas 3-10 € ; 11h-0h, fermé 3 semaines en sept ; M Barceloneta) régale sa clientèle de délicieuses tapas.

❹ Mercat de la Barceloneta

Le **marché** (Plaça del Poeta Boscà 1-2 ; 7h-14h lun-jeu, 7h-20h ven, 7h-15h sam ; M Barceloneta) du quartier réunit des étals de produits de saison, des poissonneries et des restaurants. Ne manquez pas en face l'excellente boulangerie-pâtisserie **Baluard Barceloneta** (www.baluardbarceloneta.com).

❺ La Cova Fumada

Petit restaurant familial sans fioritures, **La Cova Fumada** (93 221 40 61 ; Carrer del Baluard 56 ; tapas 3-12 € ; 9h-15h15 lun-mer, 9h-15h15 et 18h-20h15 jeu-ven, 9h-13h sam ; M Barceloneta) est pourtant une institution de la Barceloneta et de la ville toute entière. Son secret ? Du poulpe, des calamars, des sardines et des *carxofes* (artichauts) grillés qui mettent l'eau à la bouche.

❻ Bar Leo

Une faune presque exclusivement barcelonaise squatte le pavé devant le **Bar Leo** (Carrer de Sant Carles 34 ; 12h-21h30 ; M Barceloneta), un mouchoir de poche tapissé d'images de feu le chanteur andalou Bambino.

❼ Plages de la Barceloneta

La principale **plage de la Barceloneta** (M Barceloneta) est un lieu emblématique de Barcelone. Mieux vaut s'y rendre tôt le matin ou pour une balade au coucher du soleil afin d'éviter la cohue.

❽ Port Olímpic

Le Passeig Marítim de la Barceloneta, une promenade de 1,25 km le long du front de mer, conduit jusqu'à cette **marina** (Moll de Mestral ; M Ciutadella Vila Olímpica) dynamique bordée de restaurants.

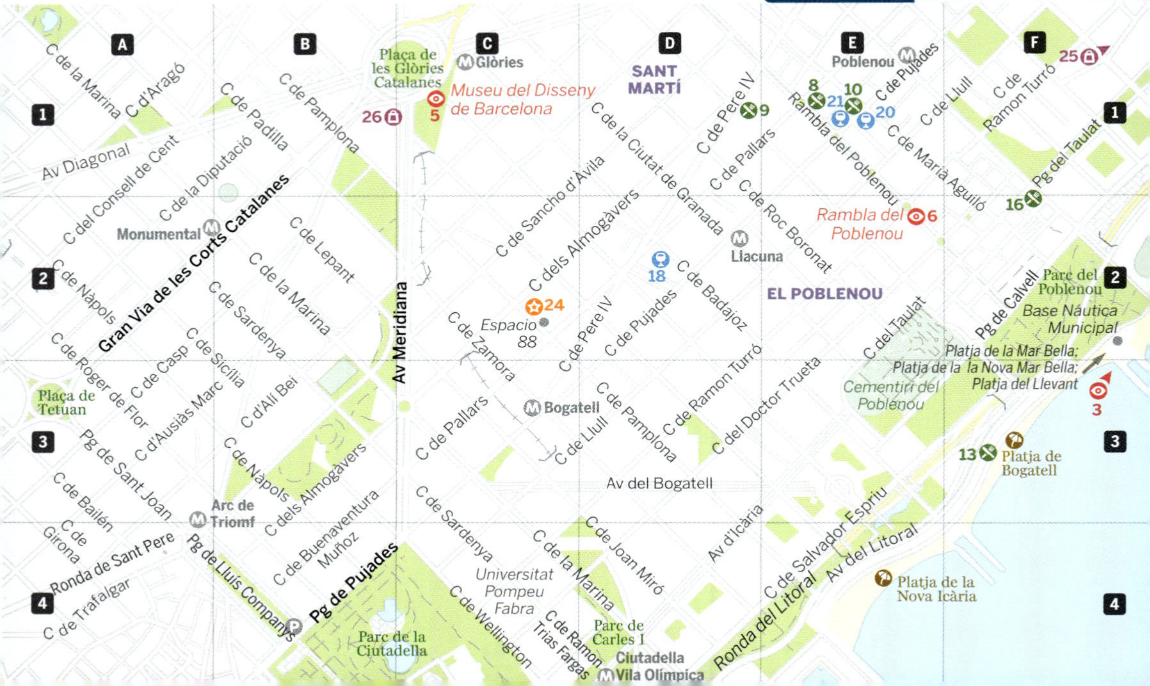
A
B
C
D
E
F
1
2
3
4
C de la Marina
C d'Aragó
Av Diagonal
C del Consell de Cent
C de la Diputació
C de Padilla
C de Pamplona
Plaça de les Glòries Catalanes
Glòries
26
5
Museu del Disseny de Barcelona
SANT MARTÍ
C de la Ciutat de Granada
C de Pere IV
9
C de Pallars
C de Roc Boronat
Poblenou
8
10
21
20
C de Pujades
Rambla del Poblenou
C de Llull
C de Ramon Turró
25
C de Maria Aguiló
Pg del Taulat
16
Rambla del Poblenou
6
Monumental
Gran Via de les Corts Catalanes
C de Nàpols
C de Lepant
C de la Marina
C de Sardenya
C de Sancho d'Àvila
C dels Almogàvers
18
Llacuna
C de Badajoz
EL POBLENOU
Pg de Calvell
Parc del Poblenou
Base Nàutica Municipal
C del Taulat
Platja de la Mar Bella;
Platja de la la Nova Mar Bella;
Platja del Llevant
3
Av Meridiana
24
Espacio 88
C de Zamora
C de Pujades
C de Pere IV
C de Ramon Turró
C del Doctor Trueta
Cementiri del Poblenou
C de Roger de Flor
C de Casp
C de Sicília
C d'Alí Bei
C d'Ausiàs Marc
Plaça de Tetuan
C de Pallars
Bogatell
C de Llull
C de Pamplona
13
Platja de Bogatell
Pg de Sant Joan
C de Bailén
C de Girona
Arc de Triomf
C de Nàpols
C dels Almogàvers
Av del Bogatell
C de Buenaventura Muñoz
Ronda de Sant Pere
C de Trafalgar
Pg de Lluís Companys
Pg de Pujades
Parc de la Ciutadella
C de Sardenya
Universitat Pompeu Fabra
C de Wellington
C de la Marina
C de Ramon Trias Fargas
C de Joan Miró
Parc de Carles I
Ciutadella Vila Olímpica
Av d'Icària
Ronda del Litoral
C de Salvador Espriu
Av del Litoral
Platja de la Nova Icària

Nos adresses
Voir p. 98
Se restaurer p. 99
Prendre un verre p. 103
Sortir p. 105
Shopping p. 105
0 400 m
MER MÉDITERRANÉE
LA RIBERA
BARRI GÒTIC
EL BORN
LA BARCELONETA
PORT VELL
Via Laietana
C de la Princesa
C de Jaume I
Jaume I
Pg de Picasso
Av del Marquès de l'Argentera
Homenatge a Picasso
Zoo de Barcelona
Pg de Circumval·lació
Estació de França
C del Doctor Aiguader
Plaça dels Voluntaris
Port Olímpic
Peix
C de Trelawny
Pla del Palau
Barceloneta
Plaça de Pau Vila
El Cap de Barcelona
Parc de la Barceloneta
Platja de la Barceloneta
Pg Marítim de la Barceloneta
Pg de Salvat Papasseit
C de Balboa
C de Ginebra
C d'Andrea Dòria
Plaça del Poeta Boscà
C del Mar
C de Guitert
C Atlàntida
C del Baluard
C Sant Miquel
Pg de Joan de Borbó
Platja de Sant Miquel
Molokai SUP Center
L'Estel Ferit
C de l'Escar
Plaça del Mar
Club Natació Atlètic-Barceloneta
Platja de Sant Sebastià
Telefèric del Port
Transbordador Aeri (Torre de Jaume I)
Port de Barcelona
Moll d'Espanya
Rambla de Mar
L'Aquàrium
Port Vell
Marina
Mirador del Port Vell
Museu d'Història de Catalunya
Moll de la Fusta
Ronda del Litoral
Pg de Colom
La Rambla
Drassanes
Mirador de Colom
Plaça del Portal de la Pau
Museu Marítim
Plaça de les Drassanes
1
2
4
7
11
12
14
15
17
19
22
23
A
B
C
D
E
F
5
6
7
8

Voir

Museu Marítim

MUSÉE

1 PLAN P. 96, A7

Ce musée occupe les anciens chantiers navals (Reial Drassanes). Parmi les pièces maîtresses figurent une réplique grandeur nature du vaisseau amiral de don Juan d'Autriche (XVIe siècle) datant des années 1970, des bateaux de pêche, des cartes de navigation et des dioramas du front de mer. (93 342 99 20 ; mmb.cat ; Avinguda de les Drassanes ; tarif plein/réduit/-17 ans 10/5 €/gratuit, gratuit dim à partir de 15h ; 10h-20h ; M Drassanes)

Museu d'Història de Catalunya

MUSÉE

2 PLAN P. 96, B6

Installé dans le **Palau de Mar**, un ancien entrepôt du vieux port de 1881, cet intéressant musée retrace de façon très vivante l'histoire de la Catalogne de la préhistoire à nos jours à travers de nombreux supports : dioramas, collections d'objets, vidéos, maquettes, documents et bornes interactives. Panneaux explicatifs en catalan, en castillan et en anglais. (93 225 47 00 ; www.mhcat.cat ; Plaça de Pau Vila 3 ; adulte/enfant 6 €/gratuit, gratuit 1er dim du mois ; 10h-19h mar et jeu-sam, 10h-20h mer, 10h-14h30 dim ; M Barceloneta)

Platges del Poblenou

PLAGES

3 PLAN P. 96, B6

De larges plages artificielles de sable blond parsemées de *xiringuitos* (buvettes saisonnières) s'étirent de la marina du Port Olímpic vers le nord-est. Si une foule de baigneurs et d'adorateurs du soleil s'y pressent l'été, notamment pour jouer au beach-volley, elles restent toutefois moins bondées que celles plus proches du centre-ville. (M Ciutadella Vila Olímpica, Llacuna, Poblenou, Selva de Mar)

L'Aquàrium

AQUARIUM

4 PLAN P. 96, B7

Cet aquarium parmi les plus grands d'Europe a pour attraction principale son tunnel aux requins, long de 80 m. Il abrite aussi la plus belle collection méditerranéenne au monde et quantité de poissons colorés issus de la mer Rouge, des Caraïbes ou encore de la Grande Barrière de corail. Au total, quelque 11 000 créatures issus de 450 espèces résident ici. (93 221 74 74 ; www.aquariumbcn.com ; Moll d'Espanya ; adulte/enfant 21/16 € ; 10h-21h Pâques et juin-sept, horaires réduits oct-mai ; ; M Drassanes)

Museu del Disseny de Barcelona

MUSÉE

5 PLAN P. 96, C1

Surnommé la *grapadora* (l'agrafeuse) par les Barcelonais, le musée du design occupe un édifice contemporain monolithique et géométrique de style plutôt brutaliste. Il rassemble une formidable collection couvrant la céramique, la mode, le textile et les arts décoratifs en général. (☎93 256 68 00 ; www.museudeldisseny.cat ; Plaça de les Glòries Catalanes 37 ; tarif plein/réduit 6/4 €, gratuit à partir de 15h dim et 1er dim du mois ; ⏲10h-20h mar-dim ; M Glòries)

Rambla del Poblenou

RUE

6 PLAN P. 96, E2

Créé au milieu du XIXe siècle (au moment de l'essor industriel du Poblenou), ce boulevard à l'ombre des arbres, flanqué de quelques bâtiments modernistes, de bars à tapas et de restaurants, est le lieu incontournable du quartier.

Se restaurer

La Barra de Carles Abellán

PRODUITS DE LA MER **€€€**

7 PLAN P. 96, C8

Le grand chef catalan Carles Abellán met les fruits de mer à l'honneur dans son restaurant au cadre somptueux – panneaux en céramique représentant des créatures marines et baies vitrées – signé par le décorateur Lázaro Rosa-Violán. Tapas remarquables (poulpe mariné, *papas aliñás*...) et plats de résistance encore plus exceptionnels, à l'image des couteaux grillés au *ponzu* (sauce soja et jus d'agrume japonais), de l'encornet farci d'un jaune d'œuf poché aux épices ou des

Museu del Disseny de Barcelona et Torre Glòries

Espacio 88

Cours de yoga, boutiques éphémères et brunchs au fourgon-café SKYE, il y a de tout à l'**Espacio 88** (plan p. 96, C2 ; 93 356 88 18 ; www.espacio88.com ; Carrer de Pamplona 88 ; 9h-17h lun-ven ; M Bogatell). Cette sorte d'entrepôt aux murs blancs et au sol en béton incarne la renaissance de l'ancien quartier industriel d'El Poblenou. L'art et la gastronomie y occupent une place centrale, entre expositions et autres événements dynamiques.

kokotxas (mentons de merlu) sauce *pil pil*. (93 295 26 36 ; www.carlesabellan.com ; Plaça Joan de la Rosa dels Vents 1 ; tapas 5-25 €, plats 18-36 € ; 7h-11h et 19h-23h30 lun-jeu, 7h-11h, 13h-16h et 19h-23h30 ven-sam, 7h-11h30 et 13h30-16h dim ; V15, V19 ; M Barceloneta)

Can Recasens CATALAN €€

8 PLAN P. 96, E1

Avec son dédale de salles chaleureuses, agrémentées de tableaux, de corbeilles de fruits et de bougies, le Can Recasens est l'une des tables les plus romantiques d'El Poblenou. La cuisine, exceptionnelle, propose salades, viandes fumées, fondues et tartines aux garnitures diverses : champignons sauvages et brie, *escalivada* (légumes grillés) et gruyère, chorizo épicé. (93 300 81 23 ; www.canrecasens.restaurant ; Rambla del Poblenou 102 ; plats 8-21 € ; restaurant 8h-13h, épicérie fine 8h15-13h30 et 17h-1h lun-ven, 8h15-13h30 sam ; M Poblenou)

Little Fern Café CAFÉ €

9 PLAN P. 96, D1

Ce joli café tenu par un duo hungaro-néo-zélandais incarne l'attrait nouveau du Poblenou. Murs en brique blanche, baies vitrées du sol au plafond et plantes en pot composent un cadre plaisant pour bruncher autour de plats originaux à base de produits bio. Cocktails, bières de la brasserie artisanale Edge Brewing et café du torréfacteur londonien Ozone complètent l'offre. (93 808 93 17 ; www.littleferncafe.com ; Carrer de Pere IV ; plats 6-10 € ; 9h-17h lun, jeu-ven, 10h-17h sam-dim ; ; M Poblenou, Glòries)

Minyam PRODUITS DE LA MER €€

10 PLAN P. 96, E1

Du couvercle en métal d'une sorte de tajine s'échappent des volutes de fumée : les herbes aromatiques imprègnent lentement le riz du Vulcanus, une sorte de paella aux fruits de mer fumés et à l'encre d'encornet, la spécialité de Minyam. Cette table chic et contemporaine du Poblenou ne manque pas non plus d'inventivité côté tapas (beignets d'asperges, huîtres aux oursins et au citron, omelette aux crevettes et fondue à l'huile de truffe ...) et son menu du jour (12,50 €) a du succès. (☎93 348 36 18 ; www.facebook.com/minyamcisco ; Carrer de Pujades 187 ; tapas 2-10 €, plats 15-25 € ; 🕑13h-23h mar-jeu, 13h-23h30 ven-sam, 13h-17h dim ; M Poblenou)

Can Solé

PRODUITS DE LA MER **€€€**

11 PLAN P. 96, C7

D'imposantes portes en bois ouvrent sur cet élégant restaurant de poisson en activité depuis 1903. Serveurs en veste blanche s'affairent au milieu des tables recouvertes de nappes immaculées. La pêche du jour brille dans des recettes traditionnelles comme l'*arròs caldòs* (potage de riz aux calamars et langoustines) et la *zarzuela* (ragoût de poisson et de moules aux amandes pilées, vin blanc, safran, ail et tomates). (☎93 221 50 12 ; www.restaurantcansole.com ; Carrer de Sant Carles 4 ; plats 15-40 € ; 🕑13h-16h et 20h-23h mar-jeu, 13h-16h et 20h30-23h ven-sam, 13h-16h dim ; M Barceloneta)

Oaxaca

MEXICAIN **€€€**

12 PLAN P. 96, B6

Formé au Mexique pendant dix ans sous la houlette de cuisinières traditionnelles, le Minorquin Joan Bagur concocte de succulentes recettes comme le poulpe grillé au feu de bois ou la *cochinita pibil* (tacos de porc mariné et lentement rôti) rehaussées d'herbes du pays poussées dans son jardin. De robustes tables en bois et des objets d'art populaire apportent une touche mexicaine à la déco. Terrasse sous des arcades. (☎93 319 00 64 ; www.oaxacacuinamexicana.com ; Pla de Palau 19 ; plats 14-28 € ; 🕑restaurant 13h-16h et 20h-0h, bar 13h-0h ; 🍸 ; M Barceloneta)

Activités sur le front de mer

Molokai SUP Center (plan p. 96 ; ☎93 221 48 68 ; www.molokaisupcenter.com ; Carrer de Meer 39 ; cours privé 2 heures SUP/surf à partir de 40/35 €, location de SUP/planche de surf 15/12 € l'heure ; 🕑10h-18h mar-sam, 10h-15h dim ; M Barceloneta). Pour faire du stand-up paddle (SUP) sur la Méditerranée.

Club Natació Atlètic-Barceloneta (plan p. 96, C8 ; ☎93 221 00 10 ; www.cnab.cat ; Plaça del Mar ; pass journalier adulte/enfant 13/7,40 € ; 🕑6h30-23h lun-ven, 7h-23h sam, 8h-17h dim, 8h-20h dim mi-mai à sept ; 🚌V15, V19, M Barceloneta). Une piscine couverte et deux bassins extérieurs, dont un chauffé en hiver.

Base Náutica Municipal (plan p. 96, F2 ; ☎93 221 04 32 ; www.basenautica.org ; Avinguda del Litoral, Platja de la Mar Bella ; cours 2 heures à partir de 40 €, équipement à partir de 15 €/heure ; 🕑9h-20h ; M Poblenou). Kayak, surf, kitesurf, voile et SUP.

Xiringuito Escribà PRODUITS DE LA MER €€€

13 PLAN P. 96, F3

La famille derrière la célèbre pâtisserie **Escribà** (93 454 75 35 ; www.escriba.es ; Gran Via de les Corts Catalanes 546 ; pâtisseries 2-7 € ; 9h-21h ; M Urgell), fondée en 1906, est aussi à la tête d'un des restaurants de poisson les plus prisés du front de mer, où tourbillonne une armada de serveurs affairés. C'est l'un des rares endroits en ville où une personne seule peut commander une paella ou une *fideuà* catalane. Réservation recommandée. (93 221 07 29 ; www.xiringuitoescriba.com ; Avinguda del Litoral 62 ; plats 18-26 € ; 12h-22h30 ; ; H16, V25, V27, M Llacuna)

El Cap de Barcelona

SCULPTURE : ROY LICHTENSTEIN ; LITTLEAOM/SHUTTERSTOCK ©

Bodega La Peninsular TAPAS €

14 PLAN P. 96, C6

Dans cette bodega traditionnelle avec des tables en marbre, la trentaine de tapas s'arrosent de bons vins catalans ou de vermouth maison. Conformément aux principes du mouvement Slow Food, les produits sont tous bio, de saison et locaux. (93 221 40 89 ; www.tabernaycafetin.es ; Carrer del Mar 29 ; tapas 5-10 € ; 11h30-0h ; M Barceloneta)

Red Fish PRODUITS DE LA MER €€

15 PLAN P. 96, E5

Ce restaurant de plage d'un certain standing occupe une bande de sable privative à l'extrémité nord-ouest de la Platja de la Barceloneta. Régalez-vous de délicieux *arrossos* (mention spéciale pour le riz au homard crémeux), de palourdes au xérès ou de turbot grillé. Sinon, contentez-vous d'un mojito ou d'un vermouth avec des tapas. (93 171 68 94 ; www.redfishbcn.com ; Moll de la Marina ; tapas 2-12 €, plats 15-30 € ; M Ciutadella Vila Olímpica)

Els Pescadors PRODUITS DE LA MER €€€

16 PLAN P. 96, F2

Sis sur une jolie place entourée de maisons basses et plantée de belombras d'Amérique du Sud, ce restaurant familial sert des poissons grillés et des plats de riz et fruits de mer parmi les meilleurs de la ville. Il est constitué de trois salles – deux sont modernes tandis que la salle principale a gardé son ambiance de taverne à l'ancienne. Si la soirée est clémente, profitez des tables en extérieur. (☎ 93 225 20 18 ; www.elspescadors.com ; Plaça de Prim 1 ; plats 15-40 € ; ⏲ 13h-15h30 et 19h45-23h30 ; 📶 ; Ⓜ Poblenou)

El 58

TAPAS €

Ce favori franco-catalan (voir **5** plan p. 96, C1) prépare d'admirables tapas de saison sortant de l'ordinaire. Citons par exemple le thon braisé à la sauce *romesco* et aux asperges, les aubergines frites au miel et au romarin ou le ragoût de saucisses et pois chiches. L'agréable salle du fond – murs en brique, éclairage industriel et œuvres d'artistes locaux – donne envie de faire durer le plaisir. (☎ 93 601 39 03 ; www.facebook.com/el58poblenou ; Rambla del Poblenou 58 ; tapas 4-12 € ; ⏲ 13h30-23h mar-sam, 13h30-16h dim ; Ⓜ Llacuna)

Prendre un verre

Perikete

BAR À VINS

17 PLAN P. 96, B6

Les Barcelonais et les touristes affluent dans ce bar à vins depuis son ouverture en 2017. Des jambons sont pendus au plafond, des tonneaux de vermouth trônent au-dessus du bar, et les bouteilles de vin se pressent sur les étagères. Plus de 200 crus sont disponibles, au verre ou à la bouteille, accompagnés d'excellentes tapas (4-10 €). (☎ 93 024 22 29 ; www.gruporeini.com /perikete ; Carrer de Llauder 6 ; ⏲ 12h-1h ; Ⓜ Barceloneta)

Sculptures monumentales

Le front de mer abrite plusieurs grandes sculptures publiques commandées à l'occasion des Jeux olympiques de 1992 : **El Peix** (plan p. 96, D5 ; Carrer de Ramon Trias Fargas 2 ; Ⓜ Ciutadella Villa Olímpica), un scintillant poisson couleur or signé Frank Gehry, face au Port Olímpic, **El Cap de Barcelona** (plan p. 96, B6 ; Passeig de Colom ; Ⓜ Barceloneta) de Roy Lichtenstein, au Port Vell, et **L'Estel Ferit** (plan p. 96, C7 ; Passeig Marítim de la Barceloneta ; Ⓜ Barceloneta) de Rebecca Horn, qui rend hommage aux vieux *xiringuitos* typiques de Barcelone.

Espai Joliu

CAFÉ/CONCEPT STORE

18 PLAN P. 96, D2

Inspirée par l'expérience berlinoise de son propriétaire, cette charmante adresse au cœur d'un ancien atelier de menuiserie a été le premier café à plantes de Barcelone, un concept largement imité depuis. La boutique en façade vend des plantes vertes, des magazines de design et des céramiques, tandis que l'on sert dans la paisible arrière-salle du café (2-3 €) de la brûlerie barcelonaise Nømad et des pâtisseries bio (goûtez le gâteau citron-romarin sans gluten). (93 023 24 92 ; www.facebook.com/espaijoliu ; Carrer Badajoz 95 ; 9h-19h lun-ven, 10h-15h sam ; ; M Llacuna)

Bodega Vidrios y Cristales

BAR À VINS

19 PLAN P. 96, B6

Dans cette sympathique bodega de quartier à l'ancienne, les étagères sont pleines de boîtes de sardines, d'anchois, etc. qui font de délicieuses tapas. On y trouve du vermouth maison et une superbe carte des vins, dont un *manzanilla* de Sanlúcar de Barrameda. Pas de places assises, quelques tonneaux en guise de tables. (932 504 501 ; www.gruposagardi.com ; Passeig d'Isabel II 6 ; 12h-0h ; M Barceloneta)

Balius

BAR À COCKTAILS

20 PLAN P. 96, E1

Avec sa devanture carrelée et ses bouteilles de gin en vitrine, ce bar d'El Poblenou – une ancienne droguerie – assume son côté rétro. Cocktails classiques (8-10 €), vermouths et petite carte de tapas (3-7 €) du type nachos, fromages et *patates braves*. Concerts de jazz le dimanche vers 20h. (93 315 86 50 ; www.baliusbar.com ; Carrer de Pujades 196 ; 17h30-1h30 lun-mer, 17h30-2h30 jeu, 17h-3h ven-sam, 17h-1h30 dim ; M Poblenou)

Madame George

BAR À COCKTAILS

21 PLAN P. 96, E1

Situé en retrait de la Rambla del Poblenou, ce petit lounge éclairé par des lustres imposants revêt une élégance toute théâtrale. De talentueux barmen préparent d'excellents cocktails, comme le Lychee-tini (vodka infusée à la vanille, litchis frais, liqueur de litchi maison et jus de citron, 9 €), tandis qu'un DJ mixe sur des vinyles (principalement de la soul et du funk). (www.madamegeorgebar.com ; Carrer de Pujades 179 ; 18h-2h lun-jeu, 18h-3h ven-sam, 18h-0h30 dim ; M Poblenou)

BlackLab

MICROBRASSERIE

22 PLAN P. 96, B6

La première brasserie de Barcelone a investi le Palau de Mar (p. 98) en 2014. On y sert 16 bières maison à la pression, dont des variétés saisonnières, des IPA doubles et des *dry stouts*. Cuisine américano-asiatique de type burgers, raviolis chinois et ramen sont proposés pour combler les petits creux (4-10 €). La visite guidée d'1 heure (anglais/espagnol 17h/18h dim ; 20 €) inclut une plongée dans les coulisses du brassage et une dégustation (4 créations). (93 221 83 60 ; www.blacklab.es ; Plaça de Pau Vila 1 ; 11h30-2h tlj mars-oct, 16h-23h lun-jeu, 11h30-1h ven-dim nov-fév ; M Barceloneta)

La Violeta

BAR À VINS

23 PLAN P. 96, C7

Ce bar cosy, avec terrasse et meubles en bois dépareillés, affiche une sélection de vins naturels (3,50-5,50 €/verre), espagnols et étrangers, régulièrement renouvelée. À noter : des crus catalans intéressants, dont un Conca de Barberà issu d'un assemblage à base d'*albariño*. Riches en poisson frais du marché et légumes locaux, les tapas (6-10 €) répondent à l'éthique Slow Food. (☎ 93 221 95 81 ; www.facebook.com/lavioletavinosnaturales ; Carrer del Baluard 58 ; ⏲ 13h-23h ; M Barceloneta)

Sortir

Razzmatazz

CONCERTS

24 PLAN P. 96, C2

Cette gigantesque discothèque-salle de concert postindustrielle regroupe cinq espaces différents dont l'offre musicale change d'une soirée sur l'autre, attirant une clientèle de tout poil. Le week-end, l'endroit se transforme en club après les concerts. (☎ 93 320 82 00 ; www.salarazzmatazz.com ; Carrer de Pamplona 88 ; billets à partir de 10 € ; ⏲ horaires variables ; M Bogatell)

Shopping

Palo Market Fest

MARCHÉ

25 PLAN P. 96, F1

Ce marché festif investit une fois par mois un vieil entrepôt du Poblenou paré de fleurs et de verdure. Stylistes de mode émergents, vendeurs de cosmétiques bio et spécialistes du vintage installent leurs stands près des food-trucks et des bars à vermouth où l'ambiance bat son plein. Il y a aussi des ateliers artistiques. (☎ 93 159 66 70 ; www.palomarketfest.com ; Carrer dels Pellaires 30 ; adulte/enfant 4,50 €/gratuit ; ⏲ 11h-21h 1er dim du mois ; M Selva de Mar)

Mercat dels Encants

MARCHÉ

26 PLAN P. 96, B1

Dans un bel espace semi-ouvert près de la Plaça de les Glòries Catalanes, le "marché des charmes" est le plus grand marché aux puces de Barcelone et l'un des vieux d'Europe, dont l'origine remonte au Moyen Âge. Quelque 500 commerçants exposent leurs marchandises sous de grands panneaux réfléchissants. On y trouve de tout, des meubles anciens aux vêtements d'occasion et parfois une *ganga* (affaire) au milieu du bric-à-brac. (Fira de Bellcaire ; ☎ 93 245 22 99 ; www.facebook.com/EncantsBarcelona ; Plaça de les Glòries Catalanes ; ⏲ 9h-20h lun, mer et sam, 10h-17h ven et dim ; M Glòries)

Explorer

La Sagrada Família et L'Eixample

L'élégant quartier de L'Eixample (prononcez "l'échample") est la vitrine de l'architecture moderniste à Barcelone, avec des fleurons comme la célèbre Sagrada Família encore inachevée de Gaudí, le long de larges boulevards très passants. Des restaurants de premier ordre, des boutiques haut de gamme et une vie nocturne très diversifiée, notamment dans l'enclave LGBT du "Gaixample", contribuent aussi à son attrait.

Notre sélection

- ***La Sagrada Família (p. 108)***. *Le chef-d'œuvre de Gaudí, monument le plus visité d'Espagne, en chantier depuis 1882.*
- ***La Pedrera (p. 112)***. *Un magnifique immeuble de Gaudí aux lignes ondulées qui renferme un appartement du début du XXᵉ siècle parfaitement conservé.*
- ***Casa Batlló (p. 114)***. *La façade organique de cet édifice signé Gaudí semble presque en mouvement.*
- ***Fundació Antoni Tàpies (p. 120)***. *La peinture ésotérique d'Antoni Tàpies, artiste catalan majeur du XXᵉ siècle.*

Comment s'y rendre et circuler

M Trois lignes desservent le Passeig de Gràcia. La ligne 3 passe par la station Diagonal, non loin de la Pedrera, les lignes 2 et 5 par la station Sagrada Família.

Les lignes FGC au départ de la Plaça de Catalunya conduisent à Provença, au cœur de L'Eixample.

Plan du quartier p. 118

La Sagrada Família (p. 108) DANCAR/SHUTTERSTOCK©

Les incontournables

La Sagrada Família

Inscrite au patrimoine mondial de l'Unesco, l'œuvre magistrale de Gaudí subjugue par sa verticalité, sa riche iconographie et sa modernité intacte. Cette basilique en construction depuis 1882 promet d'être achevée en 2026, soit un siècle après la mort de l'architecte. Quoi qu'il en soit, elle attire déjà plus de 4,5 millions de visiteurs par an, ce qui fait d'elle le monument le plus fréquenté d'Espagne.

PLAN P. 118, F1

93 208 04 14

www.sagradafamilia.org

Carrer de Mallorca 401

adulte/enfant 20 €/gratuit

9h-20h avr-sept, 9h-19h mar et oct, 9h-18h nov-fév

M Sagrada Família

Une mission sacrée

C'est à ce Temple Expiatori de la Sagrada Família (temple expiatoire de la Sainte Famille) qu'Antoni Gaudí a consacré 43 ans de sa vie. Mandaté par une société conservatrice souhaitant bâtir un sanctuaire pour expier le matérialisme qui gagnait la ville, l'architecte finit par concevoir sa tâche comme une mission sacrée. Et, lorsque les fonds commencèrent à se tarir, il n'hésita pas à puiser dans ses propres réserves et à solliciter des dons.

Gaudí conçu un édifice de 95 m de long sur 60 m de large, pouvant accueillir 13 000 fidèles, avec une flèche centrale de 170 m de haut et 17 autres tours de 100 m ou plus. À la mort accidentelle de Gaudí, en 1926, seuls les murs des absides, la crypte, un portail et une tour étaient terminés. Les travaux reprirent en 1952, mais une polémique a toujours entravé leur progression. Les opposants à la poursuite de la construction clament que les modélisations informatiques basée sur les rares plans de Gaudí qui subsistent ont accouché d'un monstre très éloigné du projet initial et du style de l'architecte.

L'intérieur

La couverture de la nef, achevée en 2010, est soutenue par une forêt de piliers aux angles extraordinaires, particulièrement innovants, qui s'élancent vers le toit et supportent une multitude de ramifications évoquant une canopée. Les piliers sont constitués de quatre types de pierre : pierre tendre de Montjuïc pour ceux des bas-côtés ; granit, basalte gris sombre et porphyre rouge foncé d'Iran pour les colonnes principales à la croisée du transept. Le vitrail, aux teintes rouge, bleu, vert, jaune et ocre, créé une atmosphère magique et hypnotique quand le soleil filtre à travers.

★ À savoir

- Achetez vos billets en ligne. Vous pouvez prendre un billet avec audioguide (adulte/enfant 26 €/gratuit) ou pour monter (par l'ascenseur ou les escaliers) jusqu'en haut d'une des tours de la façade de la Nativité ou de la Passion (33 €/gratuit). Des visites guidées de 50 minutes sont proposées en plusieurs langues (27/9 €).
- Les chapeaux et les vêtements transparents, courts, décolletés ou dévoilant dos, épaules ou nombril sont interdits.

✕ Une petite pause

Les pizzas de **Can Pizza** (☎93 436 40 43 ; www.canpizza.eu ; Passatge de Simó 21 ; pizzas 9-15 € ; ⌚13h-16h et 20h-23h ; ✎ ; Ⓜ Sagrada Família) ont la faveur des Barcelonais. Sinon, rejoignez le Passeig de Sant Joan (p. 124), de plus en plus fréquenté, 800 m au sud.

Façade de la Nativité

Achevée en 1905, la façade de la Nativité (Façana del Naixement), au nord-est, constitue sans doute le fleuron de l'édifice. L'essentiel en fut réalisé sous la supervision de Gaudí. Les quatre tours sont destinées à accueillir des cloches tubulaires capables de jouer une musique complexe à un volume sonore puissant. Leurs parties supérieures portent des mosaïques dessinant les mots "Sanctus, Sanctus, Sanctus, Hosanna in Excelsis, Amen, Alleluia". Les trois portails représentent, de gauche à droite, l'Espérance, la Charité et la Foi. Parmi le foisonnement de sculptures, de nombreux visages ont été excutés à partir de moulages en plâtre fait sur la population barcelonaise. En haut, un cyprès offre un refuge symbolique aux colombes de la paix qui parsèment le décor végétal.

Façade de la Passion et écoles de Gaudí

Au sud-ouest, la façade de la Passion (Façana de la Passió) coiffée de quatre tours évoque les derniers jours du Christ. Bien que réalisée entre 1954 et 1978 d'après des dessins de Gaudí, elle ne fut officiellement achevée qu'en 2018. De 1986 à 2006, le sculpteur Josep Maria Subirachs (1927-2014) travailla à la décoration du portail. Sans chercher à imiter Gaudí, il a produit des images fortes et controversées. Elles ont été disposées en forme de S sur trois niveaux, de la Cène (en bas à gauche) à la mise au tombeau (en haut à droite).

Façade de la Passion, Sagrada Família

Antoni Gaudí

Né à Reus, Antoni Gaudí i Cornet (1852-1926) s'initia d'abord au travail du métal dans l'entreprise familiale de chaudronnerie, puis obtint son diplôme d'architecte en 1878. Bien qu'appartenant au mouvement moderniste, ce catholique fervent et nationaliste catalan développa un style personnel, marqué par une véritable obsession pour l'harmonie des formes naturelles. Il bannit la ligne droite et fit voler en éclat la frontière entre rêve et réalité, entre sobriété et exubérance. Sa hauteur de vue n'avait d'égal que son souci du détail poussé à l'extrême, dont témoigne par exemple l'utilisation de moulages pour les personnages de la façade de la Nativité.

Avec l'âge, il fut animé par une forte conviction religieuse et, à partir de 1915, délaissa tout autre projet pour se consacrer à la Sagrada Família. À sa mort en juin 1926 – renversé par un tramway sur la Gran Via de les Corts Catalanes –, moins d'un quart de la basilique était construit. En 2003, l'Église catholique a entamé la procédure en béatification de Gaudí.

Juste en face, les écoles de Gaudí (Escoles de Gaudí), un établissement scolaire conçu en 1909, sont dotées d'un toit en brique dont les ondulations rappellent celles de La Pedrera (p. 112).

Façade de la Gloire

Comme les façades nord-est et sud-ouest, la façade de la Gloire (Façana de la Glòria) sera couronnée de quatre tours – au total, les 12 tours représenteront les 12 apôtres. Gaudí voulait que cette façade principale soit la plus grandiose. À l'intérieur se trouvera un narthex (vestibule) formé de 16 "lanternes". Les ajouts ultérieurs feront de l'édifice un symbole microcosmique de l'Église chrétienne, avec le Christ incarné par la flèche centrale culminant à 170 m au-dessus du transept, et cinq autres tours symbolisant la Vierge et les quatre évangélistes.

Museu Gaudí et crypte

Situé en sous-sol près de la façade de la Passion, le musée Gaudí (mêmes horaires que la basilique) expose des documents sur la vie et l'œuvre de l'architecte, ainsi qu'une reconstitution de son modeste bureau tel qu'au jour de sa mort. On y trouve aussi des explications sur les motifs géométriques et les plans au cœur de sa technique de construction. Une salle latérale à l'extrémité est du musée mène à un point de vue au-dessus de la crypte néogothique où repose l'architecte. Ce lieu où l'on célèbre désormais la messe n'est accessible que depuis la Carrer de Sardenya. Il s'agit de la partie la plus ancienne de la Sagrada Familia, essentiellement due à Francisco de Paula del Villar y Lozano, prédécesseur de Gaudí sur le projet.

Les incontournables

La Pedrera

Officiellement appelée Casa Milà, du nom de ses propriétaires, mais surnommée La Pedrera ("La Carrière") par les habitants qui suivirent avec perplexité sa construction de 1906 à 1910, cet immeuble d'habitations et de bureaux dont la façade grise ondule à l'angle de la Carrer de Provença compte parmi les réalisations majeures de Gaudí et est inscrite à ce titre au patrimoine mondial de l'Unesco.

PLAN P. 118, D2

www.lapedrera.com

Passeig de Gràcia 92

tarif plein/7-12 ans 25/14 €

9h-20h30 et 21h-23h mars-oct, 9h-18h30 et 19h-21h nov-fév

M Diagonal

La façade

Lorsqu'il se vit confier le projet de La Pedrera, Gaudí voulut surpasser tout ce qui avait été fait jusqu'alors à L'Eixample, en créant notamment un parking (Pere Milà était l'un des premiers propriétaires d'automobile à Barcelone).

La nature fut toujours l'une des principales sources d'inspiration de l'architecte. La façade de pierre grise ondulante de La Pedrera évoque une falaise sculptée par les vagues et le vent, un effet d'ondulation amplifié par les balcons en fer forgé qui évoquent les algues rejetées sur le rivage.

La terrasse sur le toit

L'association par Gaudí de formes espiègles et d'une fonctionnalité ingénieuse est flagrante sur le toit. Cheminées, cages d'escalier et bouches d'aération tournoient au sommet de la structure ondoyante, tels des chevaliers géants. Certaines sont nues, d'autres recouvertes de *trencadís* (fragments de céramique) et de tessons de bouteilles. De profondes cours, traitées par Gaudí comme des façades intérieures, inondent les appartements de lumière.

Espai Gaudí

Les combles accueillent l'Espace Gaudí, consacré à la vie et à l'œuvre du maître. Les 270 arcs paraboliques en brique, dont douze se rejoignent pour former comme un palmier, font penser à la cage thoracique fossile de quelque énorme animal préhistorique.

El Pis de la Pedrera

Au-dessous des combles, un appartement élégamment meublé donne à voir le genre d'intérieur dans lequel vivait la bourgeoisie fortunée de Barcelone au début du XXe siècle. Des luminaires aux poignées de porte, le souci du détail inattendu se manifeste un peu partout.

★ À savoir

- La Pedrera attire du monde ; achetez vos billets sur Internet (3 € moins chers) et arrivez dès l'ouverture.
- Le billet "Premium" (adulte/enfant 32/14 €) dispense de faire la queue.
- En été, des concerts en plein air ont lieu sur le toit (voir site Web).

Une petite pause ?

À 300 m au sud-ouest de La Pedrera, la **Bodegueta Provença** (93 215 17 25 ; www.labodeguetaprovenza.com ; Carrer de Provença 233 ; tapas 6-15 €, plats 10-16 € ; 7h-1h45 lun-ven, 8h-1h45 sam, 13h-0h45 dim ; ; FGC Provença) sert des tapas de qualité.

Idéale à toute heure, la **Cerveceria Catalana** (93 216 03 68 ; Carrer de Mallorca 236 ; tapas 4-14 € ; 8h-1h30 lun-ven, 9h-1h30 sam-dim ; FGC Provença) est à 400 m au sud-ouest.

Les incontournables

Casa Batlló

La Casa Batlló (1904-1906) incarne l'imagination fantasque de Gaudí à son apogée. Révolutionnaire par ses expérimentations sur la lumière et la forme – la courbe domine largement –, cet immeuble d'appartements à l'insolite façade d'inspiration marine figure parmi les créations architecturales les plus incroyables d'une ville qui n'en manque pas.

PLAN P. 118, E4

93 216 03 06

www.casabatllo.es

Passeig de Gràcia 43

adulte/plus de 6 ans 29/26 €

9h-20h, dernière entrée 19h

M Passeig de Gràcia

La façade

Salvador Dalí voyait dans la façade de la Casa Batlló – mouchetée de fragments de céramiques bleues, mauve et vertes, avec des fenêtres ondulées – le reflet de nuages crépusculaires à la surface de l'eau. D'autres soulignent la ressemblance avec les *Nymphéas* de Claude Monet. Ses balcons aux airs de masque ou de mâchoire d'animal étrange lui ont également valu le surnom de *casa dels ossos* (maison des Os).

Sala Principal

L'intérieur lumineux resplendit de carreaux d'un bleu profond. Un escalier curviligne conduit au grand salon du 1er étage, où le plafond s'enroule autour d'un lustre comme un tourbillon autour du soleil. Portes, fenêtres, lucarnes sont autant de boiseries oniriques et de verreries colorées évoquant la coquille d'un mollusque. Une large baie ouvrant sur le Passeig de Gràcia accentue l'impression d'espace et de luminosité.

Terrasse et toit

La cour centrale, recouverte de carreaux vernissés dans les tons de bleu, débouche sur la terrasse de la façade arrière, un patio décoré de pots de fleurs aux formes étranges et de jardinières murales où la profusion de *trencadís* crée un effet kaléidoscopique.

Le toit, hérissé de cheminées serpentines caractéristiques de Gaudí, marque le point d'orgue. Il a été dessiné pour évoquer l'échine d'un dragon aux écailles étincelantes dont les couleurs changent suivant l'angle de vue. À l'est, on retrouve une représentation de Sant Jordi (saint Georges) et le dragon – figure biblique qui vaut à cette demeure le surnom de *casa del drac* (maison du Dragon).

★ À savoir

- Afin d'éviter la longue file d'attente, achetez vos billets en ligne pour quelques euros de moins et arrivez tôt.
- Un billet spécial (39 €) permet d'entrer à 8h30, avant l'ouverture officielle. Il est gratuit pour les enfants, mais ne dispense pas de réserver.
- Repassez devant la Casa Batlló après le coucher du soleil pour contempler sa façade illuminée dans toute sa splendeur.

Une petite pause ?

Environ 300 m en aval, à quelques pas à l'est du Passeig de Gràcia, Tapas 24 (p. 125) brille par sa créativité culinaire.

Sinon, rejoignez le café dans le jardin de l'hôtel Alma (p. 127), 400 m au nord.

Promenade à pied

Shopping dans le Quadrat d'Or

Pendant que les visiteurs profitent des sites touristiques de L'Eixample, les Barcelonais, eux, font du shopping dans le Quadrat d'Or, ces rues en damier situées de part et d'autre du Passeig de Gràcia. Là se trouve le Barcelone ultratendance. Tous les grands noms s'y côtoient, aux côtés de boutiques de créateurs locaux qui saisissent l'essence du Barcelone branché.

Itinéraire

Départ Lurdes Bergada ; M Diagonal

Arrivée Monvínic ; M Passeig de Gràcia

Distance 1,4 km

Durée 2-5 heures

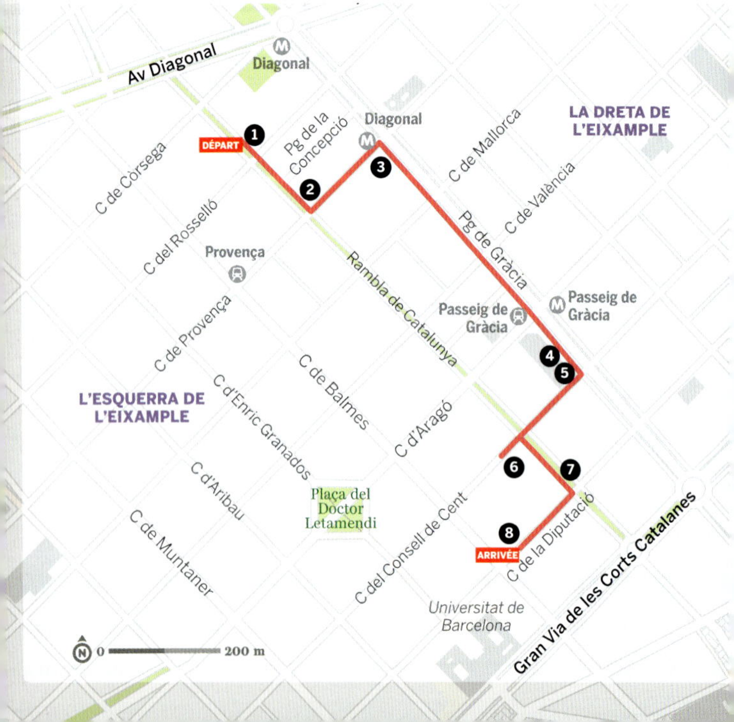

❶ Lurdes Bergada

La boutique tenue par la styliste **Lurdes Bergada** (☎93 218 48 51 ; www.lurdesbergada.es ; Rambla de Catalunya 112 ; ⏲10h30-20h30 lun-sam ; Ⓜ Diagonal) et par son fils Syngman Cucala propose des vêtements originaux, amples et confortables pour hommes et femmes.

❷ Mauri

Depuis son ouverture en 1929, la vénérable boutique et salon de thé **Mauri** (☎93 215 10 20 ; www.pasteleriasmauri.com ; Rambla de Catalunya 102 ; pâtisseries 3-7 € ; ⏲8h-0h lun-ven, 9h-23h45 sam, 9h-16h30 dim) régale sa clientèle fidèle de croissants au chocolat, d'*ensaïmades* (brioches majorquines) tout en légèreté et de plats cuisinés gourmands.

❸ Purificación García

Les collections de la créatrice de mode **Purificación García** (☎93 496 13 36 ; www.purificaciongarcia.com ; Carrer de Provença 292 ; ⏲10h-20h30 lun-sam) séduisent par bien des aspects, à commencer par l'ampleur du choix, des robes légères aux cravates pour hommes.

❹ Bagués-Masriera

En parfaite harmonie avec le lieu qu'il occupe, la **Casa Amatller** (p. 120), le joaillier **Bagués-Masriera** (☎93 216 01 74 ; www.bagues-masriera.com ; Passeig de Gràcia 41 ; ⏲10h-20h30 lun-ven, 11h-20h sam) travaille métaux et pierres précieuses depuis le XIXe siècle.

❺ Loewe

Fondé en 1846, **Loewe** (☎93 216 04 00 ; www.loewe.com ; Passeig de Gràcia 35 ; ⏲10h-20h30 lun-sam, 12h-20h dim) fait partie des marques de luxe les plus anciennes et les plus renommées d'Espagne. Elle est avant tout spécialisée dans les sacs et bagages en cuir fin de toutes les couleurs.

❻ Cacao Sampaka

Les becs sucrés adoreront le chocolatier **Cacao Sampaka** (☎93 272 08 33 ; www.cacaosampaka.com ; Carrer del Consell de Cent 292 ; ⏲9h-21h lun-sam), boutique doublée d'un café. Choisissez parmi une vaste gamme de parfums ou commandez une typique *xocolata* (chocolat chaud).

❼ Dr Bloom

Une collection renouvelée chaque mois vous attend chez **Dr Bloom** (☎93 315 41 89 ; www.drbloom.es ; Rambla de Catalunya 30 ; ⏲10h-21h lun-sam), une marque locale qui crée et fabrique tous ses modèles à Barcelone. Vêtements et accessoires sont de couleurs vives et agrémentés de motifs gais quelle que soit la saison.

❽ Monvínic

Pour un souvenir haut de gamme, direction **Monvínic** (p. 127), palais du vin ultramoderne comptant dans sa cave de véritables raretés ainsi que des labels bio et nature.

Nos adresses
Les incontournables p. 108
Voir p. 120
Se restaurer p. 122
Prendre un verre p. 127
Shopping p. 129
A
B
C
D
1
2
3
4
5
6
C Gran de Gràcia
C de Luis Antúnez
C de la Riera de Sant Miquel
C del Torrent de l'Olla
C de Bonavista
C de Còrsega
Pg de Gràcia
Plaça del Cinc d'Oros
Palau Baró de Quadras
Diagonal
Casa Serra
La Pedrera
C de la Granada del Penedès
C de Tuset
C de Balmes
Via Augusta
C de Sèneca
Av Diagonal
La Dama
Diagonal
Pg de Gràcia
C de Balmes
C d'Enric Granados
30
Rambla de Catalunya
8
C d'Aribau
20
24
C del Rosselló
Provença
14
C de París
C de Còrsega
C de Muntaner
18
L'ESQUERRA DE L'EIXAMPLE
C de Casanova
17
Plaça del Doctor Ferrer Cajigal
C de Mallorca
C d'Aragó
25
Museu del Modernisme Barcelona
7
Hospital Clínic
C de Provença
C de València
Plaça del Doctor Letamendi
C d'Enric Granados
9
C de Villarroel
13
23
21
C d'Aribau
C del Comte d'Urgell
C de Casanova
C de Muntaner
C del Comte Borrell
C del Consell de Cent
C de la Diputació
11
Av de Roma
C d'Aragó
Gran Via de les Corts Catalanes
10

E
F
G
H
1
2
3
4
5
6
Palau Macaya
La Sagrada Família
2
C del Rosselló
C de Bailén
Verdaguer
Av Diagonal
Casa de les Punxes
4
C de Roger de Flor
C de Nàpols
Granja Petitbo
Chichalimoná
Pg de Sant Joan
C de Provença
C de Girona
C de Mallorca
C de València
C d'Aragó
Parking Pizza
C de Roger de Llúria
C del Bruc
29
26
Palau Montaner
C de Pau Claris
27
C del Consell de Cent
C de Bailén
Plaça de Tetuan
Girona
Tetuan
LA DRETA DE L'EIXAMPLE
C de la Diputació
Passeig de Gràcia
Gran Via de les Corts Catalanes
C de Girona
16
1
Casa Batlló
Casa Amatller
3
5
Fundació Antoni Tàpies
Casa Lleó Morera
12
C del Bruc
C de Casp
Casa Calvet
C de Roger de Llúria
C d'Ausiàs Marc
C de Pau Claris
Ronda de Sant Pere
Sala Fundación MAPFRE
19
6
15
Rambla de Catalunya
Jardins de la Reina Victòria
Pg de Gràcia
Plaça d'Urquinaona
Urquinaona
C de Trafalgar
Ronda de Sant Pere
C de Fontanella
C de les Jonqueres
Palau de la Música Catalana
Urquinaona
Catalunya
Universitat de Barcelona
28
22
Ronda de la Universitat
Plaça de Catalunya
C de Balmes
C Comtal
Via Laietana
Av del Portal de l'Àngel
Plaça de la Universitat
C de Bergara
Catalunya
BARRI GÒTIC
Universitat
C de Pelai
C de Santa Anna
Ronda de Sant Antoni
C dels Tallers
La Rambla
EL RAVAL
0
200 m
N

Voir

Fundació Antoni Tàpies MUSÉE

1 PLAN P. 118, E4

Dans un bâtiment achevé en 1885 et considéré comme un prototype de l'architecture moderniste, la fondation Antoni Tàpies présente sur deux étages l'œuvre ésotérique de ce grand peintre catalan du XXe siècle. Décédé en février 2012 à l'âge de 88 ans, Tàpies a laissé derrière lui un ensemble percutant de tableaux et une fondation destinée à promouvoir les artistes contemporains. Audioguide inclus. Expositions temporaires au sous-sol. (93 487 03 15 ; www.fundaciotapies.org ; Carrer d'Aragó 255 ; tarif plein/réduit 8 €/gratuit ; 10h-19h mar-jeu et sam, 10h-21h ven, 10h-15h dim; M Passeig de Gràcia)

Recinte Modernista de Sant Pau ARCHITECTURE

2 PLAN P. 118, F1

Domènech i Montaner se surpassa en tant qu'architecte avec l'Hospital de la Santa Creu i de Sant Pau, édifié entre 1902 et 1930. Ce fut longtemps l'un des plus importants de la ville. Rebaptisé "Recinte Modernista" en 2014 après restauration, l'ensemble architectural accueille divers centres culturels et bureaux. Inscrits au patrimoine mondial de l'Unesco, ce sont 27 pavillons richement décorés, tous différents. (93 553 78 01 ; www.santpaubarcelona.org ; Carrer de Sant Antoni Maria Claret 167 ; tarif plein/-12 ans 15 €/gratuit, audioguide 4 € ; 9h30-18h30 lun-sam, 9h30-14h30 avr-oct, 9h30-16h30 lun-sam, 9h30-14h30 dim nov-mars ; M Sant Pau/Dos de Maig)

Casa Amatller ARCHITECTURE

3 PLAN P. 118, E4

Alliant fenêtres géminées néogothiques, motifs néoromans et pignon à redents inspiré de l'architecture néerlandaise, cet édifice construit en 1898 pour le baron du chocolat et philanthrope Antoni Amatller (1851-1910) constitue l'une des plus belles œuvres modernistes de Puig i Cadafalch. La façade principale est ornée de bustes et de sculptures mêmant dragons et chevaliers. (93 216 01 75 ; www.amatller.org ; Passeig de Gràcia 41 ; visite guidée 1 heure tarif plein/7-12 ans 24/12 €, visite multimédia 40 min 19/9,50 € ; 10h-18h ; M Passeig de Gràcia)

Casa de les Punxes ARCHITECTURE

4 PLAN P. 118, E1

Surnommée Casa de les Punxes (maison des Pointes) en raison de ses tours coiffés d'un toit conique, la Casa Terrades a été construite en 1905 par l'architecte Puig i Cadafalch. Cet ancien immeuble d'appartements aux allures de château médiéval est le seul bâtiment non mitoyen de L'Eixample. Il est ouvert au public depuis 2017. La visite (avec audioguide multilangues) permet de découvrir de plus près les grandes fenêtres en vitrail, un bel escalier en fer, les piliers et arches aux motifs floraux et la terrasse sur le toit. Visites guidées à 12h en espagnol (samedi) et en catalan (dimanche). (Casa Terrades ; ☎ 93 016 01 28 ; www.casadelespunxes.com ; Avinguda Diagonal 420 ; adulte/enfant 13,50/10 €, visite guidée 20/16 € ; ⏱ 10-19h tlj ; M Diagonal)

Casa Lleó i Morera ARCHITECTURE

5 ◉ PLAN P. 118, E4

Avec sa façade ornée de sculptures modernistes et son vestibule carrelé aux motifs floraux, ce bâtiment (1905) de Domènech i Montaner est le plus sobre des trois édifices qui, avec la Casa Amatller (due à Puig i Cadafalch) et la Casa Batlló (de Gaudí) composent la Manzana de la Discòrdia. Il héberge aujourd'hui la boutique de luxe Loewe (p. 117). (Passeig de Gràcia 35 ; M Passeig de Gràcia)

Sala Fundación MAPFRE MUSÉE

6 ◉ PLAN P. 118, E5

Demeure moderniste dessinée par Enric Sagnier pour une riche famille de banquiers, la Casa Garriga i Nogués (1902-1905), appartient maintenant à la fondation sociale du géant de l'assurance MAPFRE. Des expositions d'art et de photo ont lieu au rez-de-chaussée et dans plusieurs petites salles en haut du grand escalier en marbre curviligne. Visites guidées (5 €) en catalan, espagnol et anglais

Casa Amatller (à gauche) et Casa Batlló (à droite)

Autres édifices modernistes

Palau Macaya (plan p. 118, F1 ; ☎ 93 457 95 31 ; www.obrasocial lacaixa.org ; Passeig de Sant Joan 108 ; entrée libre ; ⌚ 9h-20h lun-ven ; Ⓜ Verdaguer). Un joyau méconnu de Josep Puig i Cadafalch, créé en 1901.

Palau Montaner (plan p. 118, E2 ; ☎ 93 317 76 52 ; www. fundaciotapies.org ; Carrer de Mallorca 278 ; adulte/enfant 7 €/gratuit ; ⌚ sur réservation ; Ⓜ Passeig de Gràcia). Œuvre de Domènech i Montaner (1893), cet édifice à la façade richement sculptée se visite sur réservation auprès de la Fundació Antoni Tàpies (reserves@ftapies.com).

Casa Calvet (plan p. 118, G4 ; Carrer de Casp 48 ; Ⓜ Urquinaona, Tetuan). La contribution la plus conventionnelle de Gaudí, d'inspiration baroque, construite en 1901.

du lundi au jeudi. (☎ 93 272 31 80 ; www.fundacionmapfre.org ; Carrer de la Diputació 250 ; adulte/enfant 3 €/ gratuit, gratuit lundi, audioguide 3,50 € ; ⌚ 14h-20h lun, 10h-20h mar-sam, 11h-19h dim ; Ⓜ Passeig de Gràcia)

Museu del Modernisme de Barcelona

MUSÉE

7 ◎ PLAN P. 118, D5

Dans un édifice moderniste à la façade rouge ornée de stuc, dû à Enric Sagnier (1902), ce musée ressemble à un grand magasin de mobilier. Plusieurs œuvres de Gaudí, dont des chaises de la Casa Batlló et un miroir de la Casa Calvet, côtoient des objets signés de contemporains moins célèbres. (☎ 93 272 28 96 ; www. mmbcn.cat ; Carrer de Balmes 48 ; tarif plein/6-16 ans 10/5 € ; ⌚ 10h30-14h et 16h-19h lun-ven, 10h30-14h sam ; Ⓜ Passeig de Gràcia)

Se restaurer

Lasarte

EUROPÉEN MODERNE €€€

8 PLAN P. 118, D3

L'un des meilleurs restaurants de la ville – le premier à avoir décroché une troisième étoile Michelin en 2016 –, supervisé par le chef Martín Berasategui et dirigé par Paolo Casagrande. Des les pieds de cochon Duroc avec topinambours au tartare de calamar et son consommé de citron kaffir, on déguste ici une cuisine raffinée de saison dans une salle spacieuse et moderne. (☎ 93 445 32 42 ; www.restaurantlasarte. com ; Carrer de Mallorca 259 ; plats 52-70 € ; ⌚ 13h30-15h et 20h30-22h mar-sam ; Ⓜ Diagonal)

Disfrutar

EUROPÉEN MODERNE €€€

10 PLAN P. 118, A5

Disfrutar ("profiter"), deux étoiles au Michelin, s'est hissé en tête de liste des bonnes tables barcelonaises. Dirigé par un ancien d'El Bulli, le restaurant révolutionnaire de

Le modernisme catalan

Les flamboyants bâtiments modernistes de Barcelone ont vu le jour à la fin du XIXe siècle, période de grande effervescence artistique et politique, et transformé la ville d'alors en vitrine de l'architecture d'avant-garde. Désireux d'établir les nouveaux canons de l'identité catalane, Antoni Gaudí et ses collègues tirèrent leur inspiration du passé, combinant les formes, matériaux et technique des styles gothique, mauresque et Renaissance pour en tirer une esthétique singulière.

Gaudí

Désireux d'imiter l'harmonie qu'il observait dans la nature en privilégiant les lignes sinueuses et l'aspect onirique, Antoni Gaudí i Cornet (1852-1926) ouvrit la voie du modernisme. Si la **Casa Batlló** (p. 114) et **La Pedrera** (p. 112) constituent deux superbes exemples de son travail, la **Sagrada Família** (p. 108), dont il fut en charge dès 1883, incarne l'aboutissement des idées qu'il développa au cours de sa carrière.

Les autres architectes

Nationalistes catalans à l'instar de Gaudí, Lluís Domènech i Montaner (1850-1923) et Josep Puig i Cadafalch (1867-1956) ont laissé à Barcelone nombre d'édifices remarquables, dont l'**Hospital de la Santa Creu i de Sant Pau** (p. 120), le **Palau de la Música Catalana** (p. 84) et la **Casa Amatller** (p. 120). Ces derniers furent décorés par le sculpteur Eusebi Arnau (1863-1933), qui étudia à Rome et à Paris.

Matériaux et décorations

Pierre, brique brute, structures métalliques apparentes et une utilisation abondante de vitraux, de céramiques et de fer forgé dans la décoration sont les éléments constitutifs de ce style nouveau. Les architectes modernistes s'en remettaient aux compétences d'artisans héritiers des maîtres de guildes qui avaient assimilé des siècles de savoir-faire. Gaudí en particulier se fiait aux méthodes anciennes et avait même prévu une école dans les ateliers de la Sagrada Família pour les faire perdurer.

Ferran Adrià, il est le royaume des faux-semblants : voyez ces olives vertes et noires, qui sont en fait des ganaches à la fleur d'oranger. Le formidable décor d'inspiration méditerranéenne a été réalisé par les designer catalans d'Equipo Creativo avec

Passeig de Sant Joan

Dans l'est de L'Eixample, le Passeig de Sant Joan se pose de plus en plus comme l'artère tendance en matière de bars et de restaurants.

Parking Pizza (plan p. 118, H2 ; ☎ 93 541 80 11 ; www.parkingpizza.com ; Passeig de Sant Joan 56 ; plats 11-15 € ; ⏲ 13h-16h et 20h-23h dim-ven, jusqu'à 0h sam ; ; M Tetuan). Un vaste entrepôt dont les pizzas cuites au four à bois et les pitas garnies ont un succès monstre.

Granja Petitbo (plan p. 118, G1 ; ☎ 93 265 65 03 ; www.granjapetitbo.com ; Passeig de Sant Joan 82 ; plats 5-11 € ; ⏲ 8h30-23h30 lun-ven, 10h-0h sam, 10h-23h30 dim ; ; M Girona). Un café lumineux qui sert toute la journée des plats à base de produits du cru et un café extra.

Chichalimoná (plan p. 118, G2 ; ☎ 93 277 64 03 ; www.chichalimona.com ; Passeig de Sant Joan 80 ; plats 12-17 € ; ⏲ 9h30-1h mar-jeu, 9h30-2h ven-sam, 9h30-17h dim ; ; M Girona). Une adresse appréciée pour sa cuisine d'inspiration cosmopolite, son brunch du week-end et ses tapas à l'heure du vermouth.

du briquetage à claire-voie et du carrelage géométrique. Service nickel. (☎ 93 348 68 96 ; www.disfrutarbarcelona.com ; Carrer de Vilarroel 163 ; menus dégustation 155-195 € ; ⏲ 13h-15h et 20h-21h15 lun-ven ; ; M Hospital Clínic)

Cinc Sentits

CATALAN €€€

10 PLAN P. 118, C6

Pénétrez dans le royaume des "cinq sens" en vous offrant un remarquable menu dégustation expérimental concocté par le chef Jordi Artal (on ne peut pas commander à la carte mais les 8 à 10 plats peuvent être adaptés sur demande). La clé du succès de cette table titulaire d'une étoile au guide Michelin réside dans l'utilisation de produits locaux frais, du poisson de ligne de la Costa Brava au cochon de lait d'Estrémadure. (☎ 93 323 94 90 ; www.cincsentits.com ; Carrer d'Entença 60 ; menus dégustation 109-139 € ; ⏲ 12h30-14h30 et 20h30-21h30 mar-sam ; ; M Rocafort)

Mont Bar

BISTROT €€€

11 PLAN P. 118, D6

Nommé en l'honneur du village du propriétaire, originaire du Val d'Aran, ce bistrot affiche un décor chic alliant carrelage noir et blanc, banquettes vert sapin et murs tapissés de bouteilles. D'un niveau supérieur, la cuisine emploie des ingrédients bio de saison, souvent de provenance locale. D'exquises tapas (pain croquant au maïs et piment jalapeño, huîtres et leche de tigre à la mandarine...) précèdent des plats de résistance comme le risotto de céleri aux truffes, servis en petites assiettes, et des desserts sensationnels. La carte des vins compte plus de 250 étiquettes à tous les prix. Réservation recommandée. (☎ 93 323 95 90 ; www.montbar.com ; Carrer de la Diputació 220 ; tapas 4-10 €, plats 15-30 € ; 13h-16h et 19h-23h30 mer-lun ; ; ; M Universitat)

Tapas 24

TAPAS €

12 PLAN P. 118, F4

L'as des fourneaux Carles Abellán dirige ce haut lieu des tapas en sous-sol, réputé pour sa manière raffinée de revisiter les grands classiques comme le *bikini* (croque-monsieur, ici avec de la truffe et du jambon cru), la tortilla et les *boquerones al limón* (anchois marinés au citron). En fin de repas, optez pour le crémeux *payoyo* (fromage mi-chèvre mi-brebis). Pas de réservations, mais l'attente en vaut la peine. Avant 13h, *entrepans* et omelettes comblent les petites faims. (☎ 93 488 09 77 ; www.carlesabellan.com ; Carrer de la Diputació 269 ; tapas 4-12 € ; 9h-0h ; ; M Passeig de Gràcia)

Pepa

TAPAS €€

13 PLAN P. 118, C5

Les murs en brique apparente et le carrelage en damier d'une vieille librairie servent de cadre à cette adresse de premier ordre ouverte par les patrons du Bar del Pla (p. 81) situé à El Born. Goûtez le mariage carpaccio de champignons, fraises et vinaigrette au wasabi ou, en saison, les œufs aux truffes accompagnés de chips. Les fruits rouges flambés et autres desserts sont un délice. Vins naturels, bio et/ou biodynamiques en prime. (☎ 93 611 18 85 ; www.pepapla.cat ; Carrer d'Aribau 41 ; assiettes à partager 7-18 € ; 17h-23h dim-jeu, 13h-23h30 ven et sam, fermé 2 semaines en août ; ; M Universitat)

Auto Rosellon

INTERNATIONAL €€

14 PLAN P. 118, B3

La cuisine de l'Auto Rosellon utilise des produits frais et bio fournis par des petits producteurs ou provenant directement du jardin du patron. Au menu : toast avocat-feta, chou-fleur arrosé de pesto, tacos de porc braisé... Des jus de fruits maison, une excellente

Buffet espagnol

La Dama

La Casa Sayrach (1917) de style moderniste ressuscite grâce à **La Dama** (plan p. 118, A3 ; 93 209 63 28 ; www.la-dama.com ; Avinguda Diagonal 423-425 ; plats 22-30 € ; M Diagonal, FGC Provença), un restaurant gastronomique de plusieurs salles, au décor de miroirs, papier peint floral et velours. Exécutés à la perfection, les plats tels que travers de porc à la crème de légumes, carbonara à l'encre ou sole meunière font voyager dans le nord de l'Espagne, en France et en Italie.

limonade et des gâteaux sont à la carte, de même que des vins nature, des cocktails et des bières artisanales. (93 853 93 20 ; www.autorosellon.com ; Carrer del Rosselló 182 ; petit-déj 10-15 €, plats 12-18 € ; 8h-1h lun-mer, 8h-2h jeu-ven, 9h-2h sam, 9h-0h dim ; ; M Diagonal ; FGC Provença)

Monvínic

ESPAGNOL €€€

15 PLAN P. 118, E5

Aménagé dans un jardin verdoyant, le restaurant du fameux caviste Monvínic élabore des recettes telles que la morue *pil pil* (sauce à base d'huile d'olive, d'ail et de piment) ou les calamars farcis de champignons sauvages. Les produits de saison et les vins viennent tous de Catalogne. L'espace écoresponsable conçu par Alfons Tost avec des matériaux locaux présente un éclairage LED, des plantes qui purifient l'air et un système de recyclage de l'eau et des déchets alimentaires. (93 272 61 87 ; www.monvinic.com ; Carrer de la Diputació 249 ; plats 19-36 € ; 13h30-15h30 et 20h-22h30 mar-ven, 20h-22h30 lun-sam ; M Passeig de Gracia)

Hawker 45

ASIATIQUE €

16 PLAN P. 118, H4

Ce restaurant aux effluves aromatiques concocte des spécialités de cuisine de rue comme le laksa de calamars épicé malaisien, l'agneau au satay indonésien, des carottes tandoori indiennes et un curry thaï de légumes verts à l'avocat. Les clients ont le choix entre le long comptoir rouge donnant sur la cuisine à l'américaine ou la salle postindustrielle à poutres apparentes et peintures murales. (93 763 83 15 ; www.hawker45.com ; Carrer de Casp 45 ; plats 10-16 € ; 13h-16h et 20h-23h lun-sam ; ; M Tetuan)

Gresca Bar

CATALAN €€

17 PLAN P. 118, C4

On parle beaucoup à Barcelone de cet élégant bar à vins et tapas dans les tons de vert et or, lancé par l'équipe du restaurant Gresca avec lequel il fait cuisine commune. Rafa Peña y réinterprète de façon ambitieuse les produits saisonniers de qualité, qu'il associe à des vins exclusivement naturels. Essayez les poireaux parsemés de burrata, les ris de veau, le *bikini* (croque-monsieur) aux champignons ou la longe de porc au comté. (93 451 6193 ; Carrer de Provença 230 ; assiettes à partager 7-16 € ; 13h30-16h et 20h30-22h30 ; ; FGC Provença)

La Cuina d'en Garriga

ESPAGNOL **€€**

18 PLAN P. 118, C4

Ce joyeux bistrot créatif, agrémenté de notes rouge vif, d'un carrelage en marbre à damier et de grappes de tomates au-dessus de la cuisine américaine, a la faveur des Barcelonais à l'heure du déjeuner. La carte bio de saison fait la part belle aux petits exploitants du cru. (93 250 37 00 ; www.lacuinadengarriga.com ; Carrer d'Enric Granados 58 ; plats 9-20 € ; 13h-23h mer-dim ; ; GFC Provença)

Prendre un verre

Monvínic

BAR À VINS

19 PLAN P. 118, E5

La carte digitalisée de ce paradis du vin répertorie plus de 3 000 crus du monde entier : vous pouvez effectuer une recherche par lieu d'origine, par année ou par cépage. Une cinquantaine de vins sont disponibles au verre. On peut se régaler sans se ruiner, mais si vous voulez faire des folies, les bouteilles millésimées ne manquent pas. (93 272 61 87 ; www.monvinic.com ; Carrer de la Diputació 251 ; 12h-0h mar-sam ; M Passeig de Gràcia)

Dry Martini

BAR

20 PLAN P. 118, B3

Les serveurs sont d'excellent conseil, mais le martini préparé dans les règles de l'art ne déçoit jamais (le million de verres aurait été atteint). Sirotez-en un au comptoir en bois vernis ou sur une banquette en molesquine verte, dans un sombre décor 1900 tapissé de lambris, de bouteilles dans des vitrines en bois et de tableaux. (932 175 072 ; www.drymartiniorg.com ; Carrer d'Aribau 162-166 ; 13h-2h30 lun-jeu, 13h-3h ven, 18h30-3h sam, 18h30-2h30 dim ; FGC Provença)

Bars d'hôtel en plein air

Alaire, Condes de Barcelona, L'Eixample

Jardí del Alma, Alma, L'Eixample

Batuar Terrace, Cotton House, L'Eixample

Jardí Diana, El Palace, L'Eixample

Terraza del Pulitzer, Hotel Pulitzer, L'Eixample

The Roof, Barcelona Edition, La Ribera

La Isabela, Hotel 1898, La Rambla

Cosmo

CAFÉ

21 PLAN P. 118, D5

Dans une rue piétonnière derrière l'université, ce sympathique café/espace culturel haut de plafond, aux murs blancs égayés de fresques de couleurs vives, sert jus de fruits frais, chocolat chaud, thés, café du torréfacteur **Nømad** (www.nomadcoffee.es ; Carrer de Pujades 95 ; 9h-17h lun-ven ; M Bogatell), plus brunch et pâtisseries. Sans oublier de la bière et du vin. (93 105 79 92 ; www.galeriacosmo.com ; Carrer d'Enric Granados 3 ; 10h-22h ; M Universitat)

Milano

BAR À COCKTAILS

22 PLAN P. 118, F5

Totalement invisible depuis la rue, ce joyau de la vie nocturne confidentielle de Barcelone est un bar à cocktails à l'ancienne, en sous-sol, avec banquettes de velours rouge, étagères vitrées et service assuré par un personnel en veste blanche. Chaque soirée commence par un concert (son cubain, jazz, blues, flamenco, swing – programme en ligne), puis un/une DJ prend les choses en main après 23h. Mention spéciale pour le Hemingway à base de rhum et les sept sortes de Bloody Mary (10-15 €). (93 112 71 50 ; www.camparimilano.com ; Ronda de la Universitat 35 ; 13h-4h, horaires variables ; M Catalunya)

Le Gaixample

La zone située au nord de la Gran Via de les Corts Catalanes et à l'ouest de la Rambla de Catalunya est communément appelée le "Gaixample", en raison de sa profusion de bars, clubs et restaurants LGBT. Voir p. 27 pour de plus amples détails.

Garage Beer Co

BIÈRE ARTISANALE

23 PLAN P. 118, C5

L'un des pionniers de la bière artisanale à Barcelone propose une dizaine de variétés fabriquées sur place ou dans sa brasserie. L'Ocata (une IPA délicate) et la Soup (une IPA plus robuste) sont toujours à la carte ; parmi nos favorites, citons la Circus Tears (une stout impériale). (93 528 59 89 ; www.garagebeer.co ; Carrer del Consell de Cent 261 ; 12h-0h dim-jeu, 12h-3h ven-sam ; M Universitat)

Monkey Factory

BAR À COCKTAILS

24 PLAN P. 118, B3

Des DJ mettent l'ambiance le week-end, mais le joyeux Monkey Factory bouge toute la semaine. Le Funky Monkey (triple sec, gin, citron vert et blanc d'œuf), le Chimpa Sour (pisco sour à la cardamome) et le Chita Tai (rhum, citron vert, cacao, triple sec et sirop d'amande) figurent parmi les cocktails inventifs concoctés derrière le comptoir aux néons verts. (93 270 31 16 ; www.facebook.com/monkeyfactorybcn ;

Carrer de Còrsega 234 ; 18h30-3h mar-sam ; FGC Provença)

Hemingway
BAR À COCKTAILS

25 PLAN P. 118, B4

Il y a souvent la queue pour avoir une table dans ce bar en sous-sol aux allures de speakeasy, doté d'une petite terrasse à l'avant. Les whiskies du monde entier, les gins rares et les cocktails à base d'agrumes pressés sont la marque de fabrique du barman Luca Izzo, propriétaire des lieux. Goûtez en particulier le Montgomery (gin, gingembre et thé Earl Grey, 12 €) ou un classique gin-tonic (12 €). (93 129 67 93 ; www.hemingwaybcn.com ; Carrer de Muntaner 114 ; 16h-2h30 dim-jeu, 16h-3h ven-sam ; M Hospital Clínic)

Shopping

Flores Navarro
FLEURS

26 PLAN P. 118, F2

On peut avoir besoin de fleurs à toute heure ! Ce fleuriste toujours bondé l'a bien compris et ne ferme jamais. Ouvert en 1960, il mérite une visite rien que pour la profusion de couleurs et de parfums. (93 457 40 99 ; www.floristeriasnavarro.com ; Carrer de València 320 ; 24h/24 ; M Girona)

Joan Múrria
ÉPICERIE FINE

27 PLAN P. 118, E3

Ce temple de la gastronomie vend des spécialités de Catalogne et d'ailleurs. La façade est ornée de publicités modernistes réalisées en 1898 par Ramon Casas. (Queviures Múrria ; 93 215 57 89 ; www.murria.cat ; Carrer de Roger de Llúria 85 ; 10h-14h et 17h-20h mar-sam ; M Girona)

Altaïr
LIVRES

28 PLAN P. 118, E5

Cette grande librairie de 1979 regorge de guides de voyage, de cartes et de récits de baroudeurs. Café au sous-sol. (93 342 71 71 ; www.altair.es ; Gran Via de les Corts Catalanes 616 ; 10h-20h30 lun-sam ; ; M Catalunya)

Mercat de la Concepció
MARCHÉ

29 PLAN P. 118, F2

Cette halle à structure métallique de 1888 a été refaite en 1998. On y trouve une cinquantaine de stands d'alimentation, ainsi que trois bars. (93 476 48 70 ; www.laconcepcio.cat ; Carrer d'Aragó 313-317 ; 8h-20h mar-ven, 8h-15h lun et sam sept à mi-juil, 8h-15h lun-sam mi-juil à sept ; M Girona)

Avant
MODE ET ACCESSOIRES

30 PLAN P. 118, B3

Tirant son inspiration de la danse et des cultures du monde, la styliste barcelonaise Silvia Garcia Presas crée d'élégants vêtements, chaussures et accessoires pour femmes. Elle travaille directement avec des fabricants locaux. (93 300 76 73 ; www.theavant.com ; Carrer d'Enric Granados 106 ; 10h30-20h30 lun-ven, 10h30-14h30 sam ; M Diagonal, FGC Provenca)

Explorer

Gràcia et le Park Güell

Gràcia était une localité indépendante jusqu'en 1897. Ses ruelles étroites et ses jolies places lui confèrent encore aujourd'hui un air de village. Cafés et bars conviviaux, boutiques rétro et restaurants attirent dans le secteur une foule jeune et cosmopolite. Au nord, à flanc de colline, se déploie l'une des créations les plus fantasques de Gaudí, le Park Güell.

Notre sélection

- ***Park Güell (p. 132)***. *Le pays des merveilles à ciel ouvert de Gaudí, semé de sculptures, de mosaïques et de colonnes extravagantes.*
- ***Casa Vicens (p. 137)***. *Un manoir au curieux entrelacs de brique, de motifs en damier et d'éléments mauresques qui fut la première commande de Gaudí.*
- ***Mercat de la Llibertat (p. 137)***. *Le marché emblématique du quartier, dans une halle du XIXe siècle.*
- ***Bunkers del Carmel (p. 138)***. *Une ancienne batterie aérienne au sommet d'une colline offrant un panorama urbain à 360°.*
- ***Places de Gràcia (p. 139)***. *De charmants enclaves presque villageoises qui recèlent de sympathiques bars à tapas de quartier comme la Bodega Quimet.*

Comment y aller

M Les stations Fontana (ligne 3) et Joanic (ligne 4) sont les plus pratiques.

L'agréable balade qui remonte le Passeig de Gràcia vers le nord-ouest depuis la Plaça de Catalunya (1,5 km) prend environ 25 minutes.

Plan du quartier p. 136

Banc en mosaïque du Park Güell (p. 132) DOBLE-D/GETTY IMAGES ©

Les incontournables

Le Park Güell

Le Park Güell, à environ 1 km au nord de Gràcia, donna à Gaudí l'occasion de déployer ses talents de paysagiste. Il s'agit d'un lieu irréel et enchanteur où la passion de l'architecte moderniste pour les formes naturelles prit réellement son envol, à tel point que l'artifice semble presque plus naturel que la nature elle-même.

PLAN P. 136, A1

93 409 18 31

www.parkguell.cat

Carrer d'Olot 7

Tarif plein/réduit 10/7 €

H6, D40, V19, Bus Güell, M Lesseps, Vallcarca, Alfons X

De la cité-jardin au parc public

En 1900, le comte Eusebi Güell aquiert des terrains et charge Gaudí de concevoir un complexe résidentiel pour personnes fortunées. Le projet est finalement abandonné en 1914 et évolue vers l'aménagement d'un parc public.

Un décor féérique

En arrivant par l'entrée principale (est), on débouche sur une vaste esplanade, la **Plaça de la Natura**, et sa pièce maîtresse, le **Banc de Trencadís** (1914). Ce banc en mosaïque, qui ondule tel un serpent multicolore, a été dessiné par l'architecte Josep Maria Jujol (1879-1949), le bras droit de Gaudí. À l'est s'étend le **Pòrtic de la Bugadera** (portique de la Lavandière), une galerie sinueuse dont les colonnes torses et le toit voûté en pierre apparente évoquent un cloître enfoui au milieu des racines d'un arbre.

En contrebas de la place, en face de la Casa del Guarda (maison du Gardien) – qui évoque la maison en pain d'épice d'Hänsel et Gretel –, des marches gardées par une salamandre en mosaïque conduisent à la **Sala Hipóstila** (salle hypostyle, photo), qui devait à l'origine accueillir un marché. Ses 86 colonnes de pierre – certaines inclinées comme de gros arbres centenaires – supportent des voûtes semi-sphériques revêtues de *trencadís* blanc.

Casa-Museu Gaudí

Près de l'entrée est du parc se dresse la **Casa-Museu Gaudí** (93 208 04 14 ; www.sagradafamilia.org ; Carretera del Carmel 23a ; adulte/enfant 5,50 €/gratuit ; 9h-20h avr-sept, 10h-18h oct-mars ; V19, H6, D40, Bus Güell, M Lesseps, Alfons X, Vallcarca), une maison rose surmontée d'une flèche construite en 1904 par Francesc Berenguer i Mestres. L'habitation, où Gaudí résida les vingt dernières années de sa vie (1906-1926), renferme des meubles et des ornements en fer forgé dessinés par lui-même.

★ À savoir

- Les horaires du parc varient selon la période de l'année : 8h-21h30 de mai à août, jusqu'à 20h30 en avril, septembre et octobre, 18h15 de novembre à mi-février et 19h de mi-février à mars.
- La partie nord du parc (sans les créations de Gaudí) est accessible gratuitement.
- Achetez vos billets à l'avance et profitez du Bus Güell qui dessert le parc depuis la station de métro Alfons X.
- Des visites guidées en groupe (1 heure, 12 €/pers, entrée du parc en sus) et des visites privées (45 €/pers, entrée en sus, 2 pers min) peuvent être réservées en ligne.

✕ Une petite pause ?

Avant ou après la visite du parc, venez savourer des tapas gastronomiques et de bons vins à La Panxa del Bisbe (p. 139), dans le haut de Gràcia.

Promenade à pied

Les places de Gràcia

À mi-chemin entre L'Eixample et le Park Güell, Gràcia était un village distinct jusqu'en 1897. Ses ruelles étroites et ses places en enfilade lui confèrent encore aujourd'hui une identité unique, un visage presque villageois. Bohème par endroits, s'embourgeoisant rapidement à d'autres, Gràcia incarne tout l'éclectisme de Barcelone : on y trouve de tout, des tavernes mal éclairées aux boutiques écoresponsables.

Itinéraire

Départ Casa Fuster ; M Diagonal

Arrivée Plaça de la Virreina ; M Fontana, Joanic

Distance 2 km

Durée 50 minutes

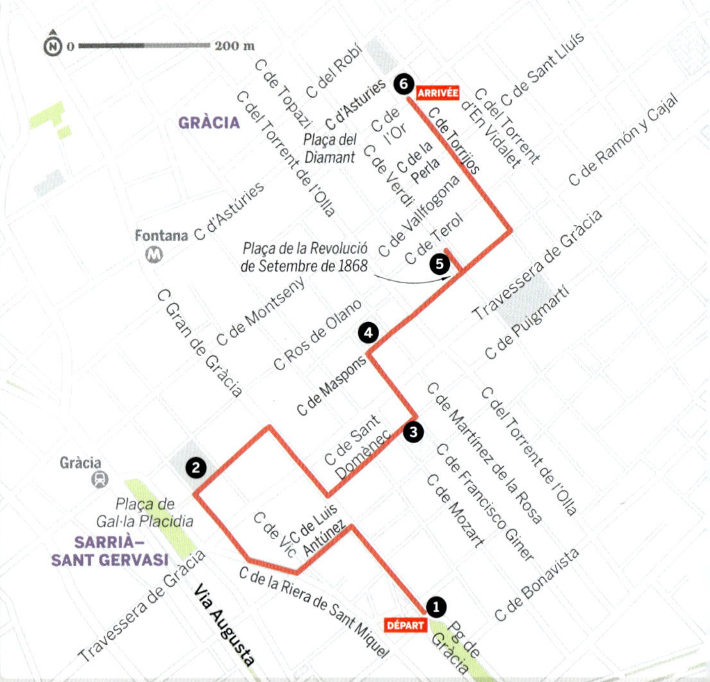

❶ Casa Fuster

Traversez le Passeig de Gràcia pour pénétrer dans le quartier proprement dit. Au tout début de la Carrer Gran de Gràcia s'élève la majestueuse **Casa Fuster** (1908-1911 ; Passeig de Gràcia 132 ; M Diagonal) de Domènech i Montaner, aujourd'hui un hôtel.

❷ Plaça de la Llibertat

La **Plaça de la Llibertat** (FGC Gràcia) abrite quelques petits restaurants recommandés et le **Mercat de la Llibertat** (p. 137), halle de marché de style moderniste. C'est l'œuvre de Francesc Berenguer i Mestres (1866-1914), un disciple de Gaudí qui œuvra beaucoup dans cette partie de la ville, bien qu'il n'ait jamais obtenu son diplôme d'architecte.

❸ Plaça de la Vila de Gràcia

En serpentant vers l'est, vous tomberez sur la **Plaça de la Vila de Gràcia** (M Fontana, Diagonal, FGC Gràcia), baptisée jusqu'en 2009 du nom de Francesc Rius i Taulet, qui était maire quand Gràcia fut intégrée à Barcelone. Elle est flanquée par l'**hôtel de ville** (93 402 70 00 ; www.bcn.cat ; Plaça de Sant Jaume ; 10h-14h dim), signé Berenguer i Mestres, tandis que la Torre del Rellotge (tour de l'horloge, 1862), vieux symbole républicain, trône en son centre.

❹ Plaça del Sol

Au nord s'étend la **Plaça del Sol** (M Fontana), la place la plus agitée de Gràcia, où l'ambiance bat son plein les longs soirs d'été. Elle fut le théâtre d'exécutions sommaires après un soulèvement en 1870, et un abri anti-aérien y fut installé durant la guerre civile.

❺ Plaça de la Revolució de Setembre de 1868

Non loin, cette **place** (M Fontana, Joanic) animée, toute en longueur, commémore le renversement de la reine Isabelle II, qui fut fêté avec ferveur dans ce bastion de la classe ouvrière. Le **Bar Canigó** (93 213 30 49 ; www.barcanigo.com ; Carrer de Verdi 2 ; 10h-2h lun-ven, 20h-2h sam ; M Fontana), tenu par la même famille depuis trois générations, est un lieu vivant où il fait bon siroter un vermouth maison ou un café.

❻ Plaça de la Virreina

D'agréables terrasses occupent la **Plaça de la Virreina** arborée, à l'ombre de l'**Església de Sant Joan** (93 237 73 58 ; Plaça de la Virreina ; 8h-12h45 et 16h-20h, horaires variables ; M Fontana, Joanic). Cette église achevée en 1888 est l'œuvre de Berenguer i Mestres, mais l'une des chapelles pourrait être de Gaudí.

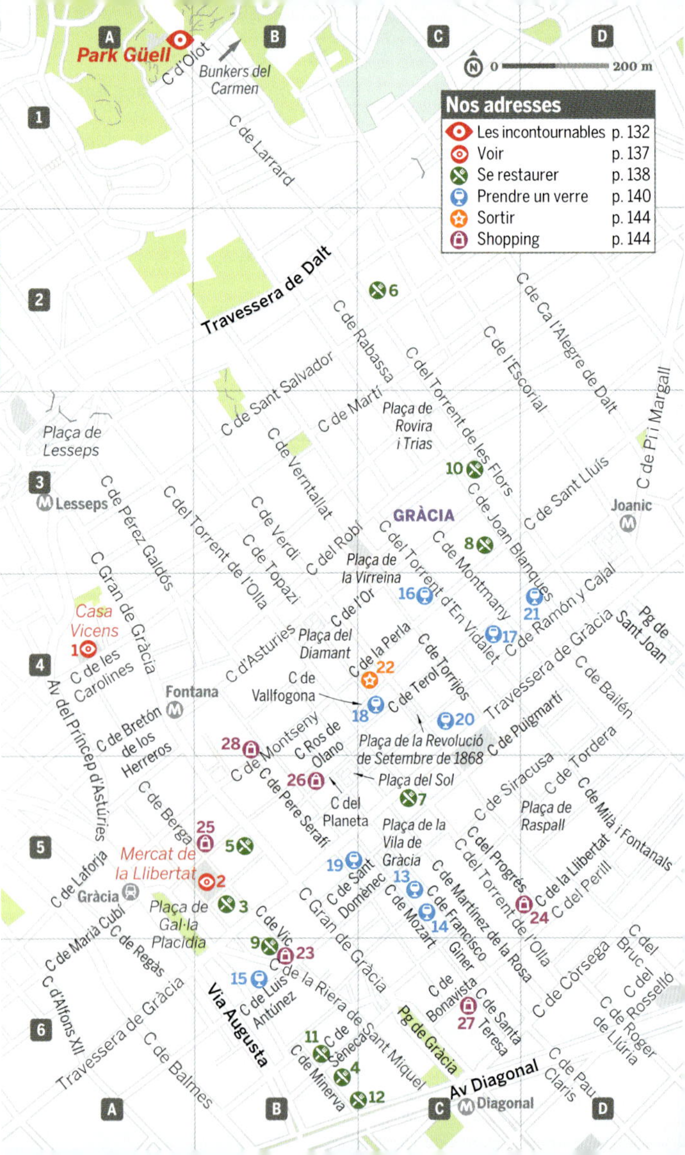
Nos adresses
Les incontournables p. 132
Voir p. 137
Se restaurer p. 138
Prendre un verre p. 140
Sortir p. 144
Shopping p. 144
0 200 m
N
A
B
C
D
1
2
3
4
5
6
Park Güell
C d'Olot
Bunkers del Carmen
C de Larrard
Travessera de Dalt
C de Rabassa
C del Torrent de les Flors
C de l'Escorial
C de Ca l'Alegre de Dalt
C de Pi i Margall
C de Sant Salvador
C de Martí
Plaça de Rovira i Trias
C de Verntallat
Plaça de Lesseps
Lesseps
C de Pérez Galdós
C del Torrent de l'Olla
C de Verdi
C de Topazi
C del Robí
GRÀCIA
C del Torrent d'En Vidalet
C de Montmany
C de Joan Blanques
C de Sant Lluís
Joanic
Plaça de la Virreina
C Gran de Gràcia
Casa Vicens
C de les Carolines
C de l'Or
Plaça del Diamant
C d'Astúries
C de la Perla
C de Torrijos
C de Ramón y Cajal
Pg de Sant Joan
Travessera de Gràcia
C de Bailén
Av del Príncep d'Astúries
Fontana
C de Vallfogona
C de Terol
C de Bretón de los Herreros
C de Montseny
C Ros de Olano
Plaça de la Revolució de Setembre de 1868
C de Puigmartí
C de Pere Serafí
Plaça del Sol
C del Planeta
C de Siracusa
C de Tordera
Plaça de Raspall
C de Milà i Fontanals
C de Berga
Mercat de la Llibertat
Plaça de la Vila de Gràcia
C de Sant Domènec
C del Progrés
C del Torrent de l'Olla
C de la Llibertat
C del Perill
C de Laforja
Gràcia
Plaça de Gal·la Placídia
C de Mozart
C de Francisco Giner
C de Martínez de la Rosa
C de Vic
C de Maria Cubí
C de Regàs
C Gran de Gràcia
C de Luis Antúnez
C de la Riera de Sant Miquel
C de Bonavista
C de Santa Teresa
C de Còrsega
C del Bruc
C del Rosselló
C de Roger de Llúria
C d'Alfons XII
Travessera de Gràcia
Via Augusta
C de Sèneca
Pg de Gràcia
C de Balmes
C de Minerva
Av Diagonal
Diagonal
C de Pau Claris
1 2 3 4 5 6 7 8 9 10 11 12 13 14 15 16 17 18 19 20 21 22 23 24 25 26 27 28

Voir

Casa Vicens

MUSÉE

1 PLAN P. 136, A4

Ce chef-d'œuvre classé au patrimoine de l'Unesco, une demeure privée anguleuse coiffée de tourelles, fut achevée en 1885 pour le courtier en bourse Manuel Vicens i Montaner. Ce fut la première commande passée à Gaudí, alors âgé de 30 ans. Nichée à l'ouest du centre de Gràcia, la façade regorge de céramiques de couleurs et formes variées. L'édifice n'est ouvert au public que depuis 2017. Les visiteurs peuvent déambuler librement, mais la visite guidée d'une heure (en français) est plus vivante. (93 547 59 80 ; www.casavicens.org ; Carrer de les Carolines 20-26 ; adulte/enfant 16/12 €, visite guidée supp 4 €/pers ; 10h-20h avr-sept, 10h-15h lun, 10h-19h mar-dim oct-mars, dernier accès 1 heure 20 avant la fermeture ; M Fontana)

Mercat de la Llibertat

MARCHÉ

2 PLAN P. 136, B6

Le "marché de la Liberté" existe depuis 1888, mais c'est en 1893 qu'il fut couvert par Francesc Berenguer i Mestres (1866-1914), l'assistant fidèle de Gaudí, dans un style typiquement moderniste, avec une abondance de fer forgé. Restauré en 2009, il reste l'un des lieux vivants et emblématiques de Gràcia, rempli de délicieux produits frais et de bar à tapas comme **El Tast de Joan Noi**

Casa Vicens

Bunkers del Carmel

Pour un superbe panorama sur Barcelone, rejoignez le quartier d'El Carmel, à moins d'un kilomètre à l'est du Park Güell, et gravissez la colline appelée Turó de la Rovira jusqu'au point de vue des **Bunkers del Carmel** (93 256 21 22 ; ajuntament.barcelona.cat ; Carrer de Marià Labèrnia ; entrée libre ; musée 10h-14h mer, 10h-15h sam-dim ; V19, 22, 24). Au sommet de la butte poussiéreuse et envahie par les mauvaises herbes subsistent de vieilles plateformes en béton qui servirent de base aux batteries anti-aériennes durant la guerre civile espagnole. Devenu ensuite un bidonville, l'endroit a été abandonné dans les années 1990. C'est aujourd'hui le rendez-vous des étudiants et des touristes, surtout au soleil couchant. L'accueillant petit bar-restaurant **Las Delicias** (93 429 22 02 ; www.barrestaurantedelicias.com ; Carrer de Mühlberg 1 ; tapas 5-13 €, plats 9-15 € ; 10h-16h et 19h-22h30 mar-jeu, 10h-16h et 20h-23h ven-sam ; 24) invite à faire une pause tapas.

(635 706429 ; www.facebook.com/eltastdejoannoi ; tapas 4-15 € ; 9h-17h mar-ven, 9h-15h sam, fermé août). (93 217 09 95 ; www.facebook.com/mercatdelallibertat ; Plaça de la Llibertat 27 ; 8h30-20h lun-ven, 8h30-15h sam ; M Fontana ; FGC Gràcia)

Se restaurer

La Pubilla

CATALAN €€

3 PLAN P. 136, B5

Cachée près du Mercat de la Llibertat derrière une porte rose pêche, La Pubilla a pour spécialité de copieux *esmorzars de forquilla* (petits déjeuners à la fourchette) appréciés des commerçants du marché comme des habitants. Le populaire *menú del día* (16 €) à base de produits de saison, se compose de 3 plats, dont des spécialités catalanes comme la morue au four ou la joue de porc rôtie aux pois chiches. Réservez ou arrivez tôt. (93 218 29 94 ; www.facebook.com/lapubilla.gracia ; Plaça de la Llibertat 23 ; plats 10-18 € ; 8h30-17h lun, 8h30-23h30 mar-sam ; M Fontana)

Berbena

MÉDITERRANÉEN €€

4 PLAN P. 136, B6

D'ambitieux plats de saison joliment présentés sortent de la cuisine américaine de ce restaurant situé en retrait de la passante avenue Diagonal. Chaque jour différent, le menu comprend par exemple une burrata piquante avec du potiron et une tortilla ou une soupe de légumes froide, le tout accompagné de pain maison. Le café provient de la brûlerie

SlowMov (p. 141) voisine. (☎ 93 801 59 87 ; www.berbenabcn.com ; Carrer de Minerva 6 ; menu 4 plats 16,50 € ; ⌚19h30-23h lun et sam, 13h-15h30 et 19h30-23h mar-ven ; ✈ M Diagonal)

Botafumeiro PRODUITS DE LA MER €€€

5 PLAN P. 136, B5

Ce restaurant de poisson galicien très chic est l'endroit où découvrir les *percebes* (pouces-pieds), souvent considérés comme le nec plus ultra des fruits de mer. Partagez quelques *mitges racions* (grandes assiettes de tapas), puis enchaînez avec de l'araignée de mer au four, de la paella aux coquillages ou du merlu sauvage grillé. (☎ 93 218 42 30 ; botafumeiro.es ; Carrer Gran de Gràcia 81 ; plats 22-55 € ; ⌚12h-2h ; M Fontana)

La Panxa del Bisbe TAPAS €€

6 PLAN P. 136, C2

Avec son ambiance locale et son esthétique minimaliste, le "Ventre de l'évêque" est une agréable surprise. Fleurs de courgette farcies de provolone, poulpe grillé au céleri et aux câpres ou jambon ibérique au melon et à la menthe... ses tapas ont la cote auprès des Barcelonais comme des touristes. Excellents vins. (☎ 93 313 70 49 ; Carrer del Torrent de les Flors 158 ; tapas 9-14 €, menus dégustation 30-38 € ; ⌚13h30-15h30 et 20h30-0h mar-sam ; 📶 ✈ ; M Joanic)

Extra Bar TAPAS €€

7 PLAN P. 136, C5

On se souvient longtemps des excellents *platillos* (assiettes à partager) sans esbroufe et des vins espagnols au verre soigneusement choisis de ce mouchoir de poche aussi couru qu'animé. La carte hebdomadaire fait la part belle aux produits du terroir de saison, avec quelques notes asiatiques (tacos d'encornet au citron vert, délicieuses croquettes, omelettes préparées à la demande...). (☎ 93 218 29 94 ; Carrer Torrent de l'Olla 79 ; raciones 5-13 € ; ⌚18h30-0h mar-jeu, 18h30-1h ven, 12h-15h30 et 19h30-1h sam ; M)

Les Tres a la Cuina MÉDITERRANÉEN €

8 PLAN P. 136, C3

Ce traiteur écoresponsable concocte une nourriture saine et créative à base de produits frais du cru, servie dans une vaisselle compostable. Le menu renouvelé chaque jour propose divers plats tels que salade aux figues et au chèvre, soupe mangue-concombre ou pois chiches épicés avec riz parfumé. La vente à emporter constitue le gros de son activité, mais une table commune permet de manger sur place. (☎ 637 990078 ; www.lestresalacuina.com ; Carrer de Sant Lluís 35 ; menu 2/3 plats 8,50/10 € ; ⌚13h-16h lun-ven ; ✈ ; M Joanic)

Bar Bodega Quimet

TAPAS €

9 PLAN P. 136, B6

Vestige d'une époque révolue, cette adresse conserve un décor pittoresque : tonneaux de vermouth maison derrière le comptoir en bois patiné, murs tapissés de bouteilles et tables à plateau de marbre. Si la longue carte de tapas se compose surtout de conserves, il y a également des anchois et du poulpe frais ainsi que des assiettes de fromages. (93 218 41 89 ; Carrer de Vic 23 ; tapas 3-12 € ; 10h-0h lun-ven, 12h-16h et 18h30-tard sam-dim ; M Fontana)

Lluritu

FRUITS DE MER €€

10 PLAN P. 136, C3

Des sardines salées aux gambas et couteaux, les produits de la mer simplement grillés dans les règles de l'art constituent la signature de ce restaurant au sol carrelé et au comptoir en marbre qui se veut *desenfadado* (décontracté). Les produits proviennent principalement des côtes catalanes. (93 855 38 66 ; www.lluritu.com ; Carrer del Torrent de les Flors 71 ; plats 5-15 € ; 13h-16h et 19h30-20h30 mer-jeu, jusqu'à 0h30 ven-sam, 12h-23h30 dim ; M Joanic)

Roig Robí

CATALAN €€€

11 PLAN P. 136, B6

Depuis longtemps l'un des hauts lieux de la cuisine traditionnelle raffinée. La carte saisonnière met en avant d'élégantes créations à base de produits bio locaux. Laissez-vous tenter par une poêlée de champignons sauvage, avant de passer au remarquable riz aux fruits de mer, au poisson frais du marché en croûte de sel ou à l'agneau des Pyrénées rôti à feu doux. Mieux vaut réserver pour avoir une table dans le patio drapé de plantes grimpantes. (93 218 92 22 ; www.roigrobi.com ; Carrer de Sèneca 20 ; plats 21-36 € ; 13h30-16h et 20h30-23h30 lun-ven, 20h30-23h30 sam, fermé 2 semaines en août ; M Diagonal)

Les Filles

CAFÉ €€

12 PLAN P. 136, C6

Banquettes vert sapin, bouquets de fleurs fraîches, coussins et tapis gais composent le cadre de ce café-restaurant et espace de décoration, qui promeut une cuisine saine à partir de produits bio de saison : pâtes au saumon sauvage, bols de quinoa, petits-déjeuners créatifs et jus de fruits pressés. (93 787 99 69 ; www.lesfillesbarcelona.com ; Carrer de Minerva 2 ; plats 12-17 € ; 9h-23h lun-ven, 10h-23h sam-dim ; ; M Diagonal)

Prendre un verre

Bobby Gin

BAR À COCKTAILS

13 PLAN P. 136, C5

Plus de 80 variétés de gin font de ce bar aux murs de pierre chaulés le paradis des amateurs éclairés et sans doute le meilleur endroit pour boire le parfait gin tonic. On peut également opter pour des gins infusés (10-12 €) comme le Nordés aux agrumes, ou encore des cocktails comme l'Aperitiu Modernista (bitter à la cardamome et liqueur de chardon). (☎ 93 368 18 92 ; www.bobbygin.com ; Carrer de Francisco Giner 47 ; 17h-2h dim-jeu, 17h-3h ven-sam ; wifi ; M Diagonal)

El Ciclista

BAR À COCKTAILS

14 PLAN P. 136, C5

Comme son nom l'indique, cet élégant petit bar a pour thème le cyclisme, avec des roues en guise de lustres et de tables, et des cadres et guidons aux murs. Parmi les cocktails classiques figurent un excellent choix de gin tonics et une vaste gamme de mojitos aromatisés. Concerts fréquents les jeudi et vendredi. (☎ 93 368 53 02 ; www.elciclistabar.com ; Carrer de Mozart 18 ; 19h30-2h lun-jeu, jusqu'à 3h ven-sam ; M Diagonal)

SlowMov

CAFÉ

15 PLAN P. 136, B6

Carmen et François travaillent directement avec des producteurs pour sélectionner des grains de pure origine, écoresponsables et de saison. Ils les torréfient eux-mêmes dans cet espace lumineux décoré de vieux carrelage à motifs et d'œuvres d'artistes locaux. On vient ici pour siroter un flat white (2,50 €) à une table commune ou participer à des événements autour du café. Outre les produits de la brûlerie, des bouteilles de vin bio, de l'huile d'olive et des pots de confiture garnissent les étagères. (☎ 93 667 27 15 ; www.slowmov.com ; Carrer de Luis Antúnez 18 ; 8h30-15h mer-ven, 10h-14h sam ; wifi ; M Diagonal)

Elephanta

BAR

16 PLAN P. 136, C4

De longues banquettes vertes, des murs parés d'œuvres d'art

Point de vue des Bunkers del Carmel (p. 138)

Le destin changeant de la Catalogne

L'identité catalane revêt de multiples facettes, mais ce sont surtout les triomphes collectifs et les souffrances partagées du passé tumultueux de la région qui unissent les Catalans.

L'âge d'or de la Catalogne commença au début du XIIe siècle lorsque Raimond Bérenger III, qui contrôlait déjà le territoire et certaines parties du sud de la France, lança la première flotte navale de la région. En 1137, son successeur, Raimond Bérenger IV, fut promis à l'héritière du trône d'Aragon, Pétronille, offrant ainsi assez de pouvoir à la Catalogne pour étendre son empire dans la Méditerranée. À la fin du XIIe siècle, la Catalogne dominait jusqu'aux île Baléares et s'était considérablement enrichie grâce au commerce maritime.

Mais cela ne dura pas longtemps ; le déclin du commerce et les conflits intérieurs l'affaiblirent. Lorsque Ferdinand monta sur le trône d'Aragon en 1479 et épousa Isabelle de Castille, la Catalogne devint une province de la couronne de Castille. Après avoir choisi le camp autrichien dans la guerre de Succession d'Espagne (1702-1713), Barcelone se révolta contre la couronne espagnole dont l'armée assiégea la ville de mars 1713 jusqu'au 11 septembre 1714. Victorieux, Philippe V abolit l'autonomie catalane, construisit une énorme forteresse (la Ciutadella) pour surveiller la cité, interdit l'écriture et l'enseignement du catalan, et confia les colonies catalanes à d'autres puissances européennes.

Le commerce reprit pour Barcelone au cours des siècles suivants, et, au tournant du XXe siècle, une plus grande autonomie fut réclamée pour accompagner le pouvoir économique croissant de la ville. Cependant, après la victoire du général Francisco Franco en 1939 à l'issue de la guerre civile, les franquistes catalans et l'armée du dictateur exécutèrent, lors de purges, plus de 35 000 personnes, dont la plupart étaient ou passaient pour des opposants au régime. Au fil du temps, l'usage du catalan fut prohibé dans les lieux publics, tous les noms de rues et de villes furent transcrits en castillan, seule langue désormais autorisée à l'école et dans les médias. Les lieutenants de Franco contrôlèrent Barcelone jusqu'à la mort du Caudillo en 1975 et le sentiment d'injustice perdure, bien qu'il soit aujourd'hui dirigé contre le gouvernement central madrilène. La fierté d'être catalan n'a jamais été aussi exacerbée et la question de l'indépendance de la région domine plus que jamais le débat et l'agenda politiques.

et de vieux tabourets en bois le long du bar donnent une allure rétro à ce petit bar à cocktail, installé à l'écart de la rue principale. Le gin (8-12 €) est la boisson phare et vous aurez le choix entre houmous, *empanades* et *torrades* (3-5 €) pour grignoter. (93 237 69 06 ; elephanta.cat ; Carrer del Torrent d'en Vidalet 37 ; 18h-1h30 lun-jeu, 18h-3h ven-sam, 18h-0h30 dim ; ; M Joanic)

Rabipelao

BAR À COCKTAILS

17 PLAN P. 136, C4

Un lieu festif tapissé de papier peint façon velours de Gênes, de vieilles photos encadrées et d'une fresque multicolore au-dessus du bar. Les DJ mixent de la salsa, on projette des films muets et il y a parfois des concerts. Les gins, les rhums caribéens et les cocktails tropicaux (6-10 €), tels que mojitos et caïpirinhas, se marient bien avec les *arepas* (galettes de maïs garnies) entre autres en-cas vénézuéliens et colombiens. Patio couvert à l'arrière. (93 182 50 35 ; www.elrabipelao.com ; Carrer del Torrent d'En Vidalet 22 ; 19h-1h30 lun-jeu, 19h-3h ven-sam, 13h-16h30 et 19h-1h30 dim ; M Joanic)

Viblioteca

BAR À VINS

18 PLAN P. 136, C4

Une vitrine remplie d'une cinquantaine de fromages de petits producteurs européens appâte les clients, mais la véritable spécialité de ce petit espace blanc au design contemporain, c'est le vin. Il possède en stock plus de 150 crus, principalement locaux, la plupart disponibles au verre. (93 284 42 02 ; www.viblioteca.com ; Carrer de Vallfogona 12 ; 19h-0h ; M Fontana)

La Vermu

BAR

19 PLAN P. 136, B5

Ce bar de quartier branché a fait sa spécialité du vermouth maison (2-3 €), *negre* (noir) ou *blanc*. Il est servi avec une rondelle d'orange et une olive. La salle spacieuse à poutres de bois et luminaires de style industriel est organisée autour d'un bar central en marbre. La carte des vins est courte, mais excellente, et les tapas joliment présentées. (695 925012 ; www.facebook.com/lavermubcn ; 18h30-0h lun-jeu, 12h30-0h30 ven-dim ; FGC Gràcia)

La Nena

CAFÉ €

20 PLAN P. 136, C4

Agrémenté de vieille photos en noir et blanc, de jouets et de jeux de plateau, cet établissement joyeusement désordonné sert des *suïssos* (chocolats chauds) avec une assiette de *melindros* (biscuits à la cuillère) et de crème fouettée maison bien épaisse, des gâteaux et des crêpes. (93 285 14 76 ; la-nena-chocolate-café.business.site ; Carrer de Ramon i Cajal 36 ; 8h30-22h30 lun-ven, 9h-22h30 sam, 9h30-22h30 dim ; ; M Fontana)

Festa Major de Gràcia

Lors de la populaire **Festa Major de Gràcia** (www.festamajordegracia.cat), qui dure une semaine autour du 15 août, les habitants du quartier concourent pour le prix de la rue la mieux décorée. Concerts gratuits en plein air, fêtes de rue, *correfocs* (courses de feu) et *castells* (pyramides humaines) font également partie des réjouissances.

La Vermuteria del Tano — BAR

21 PLAN P. 136, D4

Tonneaux aux murs, vieux réfrigérateurs à portes de bois, horloges vintage et tables en marbre : ce bar à vermouth n'a guère changé au fil des décennies et reste le rendez-vous favori des habitants du quartier. Le Perucchi, spécialité de la maison, s'accompagne traditionnellement d'un verre d'eau gazeuse. Tapas classiques pour les fringales et paiement en espèces. (☎ 93 213 10 58 ; www.facebook.com/VermuteriaTano ; Carrer de Joan Blanques 17 ; ⏲ 9h-21h mar-ven, 12h-16h sam-dim ; Ⓜ Joanic)

Sortir

Soda Acústic — CONCERTS

22 PLAN P. 136, C4

Parmi les salles de spectacle les plus innovantes de Gràcia, cet espace moderne à l'éclairage tamisé donne dans l'éclectisme : jazz, musique du monde, swing des Balkans, rythmes latino et sons expérimentaux, tous les genres ont leur place, même les inclassables. (☎ 93 016 55 90 ; soda.cat ; Carrer de les Guilleries 6 ; billets 0-5 € ; ⏲ 20h30-2h30 mer, jeu et dim, 21h-3h ven-sam ; Ⓜ Fontana)

La Muriel — GALERIE

Installé dans un garage joliment reconverti, ce lieu polyvalent d'avant-garde englobe un centre culturel, un restaurant et une salle qui alterne numéros de stand-up, expositions, concerts le week-end et même enregistrements de podcasts. Programmation sur le compte Instagram de la salle. (Carrer de Verntallat 30 ; entrée libre ; ⏲ 9h-23h mer-jeu, 9h-0h ven, 12h-0h sam, 12h-23h dim ; Ⓜ Lesseps)

Shopping

Colmillo de Morsa — MODE ET ACCESSOIRES

23 PLAN P. 136, B6

Après s'être illustrés à la Cibeles Fashion Week de Madrid, Javier Blanco et Elisabet Vallecillo présentent dans cette boutique-atelier leurs jolis modèles féminins aux tons doux, fabriqués à Barcelone avec des textiles durables utilisant des teintures non toxiques. Ils font également une place à d'autres jeunes marques barcelonaises prometteuses. (www.colmillodemorsa.com ; Carrer de Vic 15 ; 11h-14h30 et 16h30-19h lun-ven, 11h-14h30 sam ; FGC Gràcia)

Casa Atlântica
CÉRAMIQUE

24 PLAN P. 136, D5

Les artisans galiciens Belén et Lester créent des vanneries délicates et des objets en céramique (bols, mugs, pots de fleurs, vases...) avec des ateliers familiaux en Galice et au Portugal afin de préserver le savoir-faire traditionnel. (93 382 18 88 ; www.casaatlantica.es ; Carrer de la Llibertat 7 ; 12h-20h30 lun-sam ; M Diagonal)

Fromagerie Can Luc
FROMAGES

25 PLAN P. 136, B5

Ce commerce propose une palette de 150 fromages, principalement catalans mais aussi français, italiens, hollandais, suisses et anglais. Des vins, condiments, crackers et couteaux à fromage sont également en vente, de même que des paniers pique-nique gastronomiques (25-100 €) et des kits de dégustation. (93 007 47 83 ; www.canluc.es ; Carrer de Berga 4 ; 17h-21h lun, 10h-14h30 et 17h-20h30 mar-sam ; FGC Gràcia)

Amalia Vermell
BIJOUTERIE

26 PLAN P. 136, B5

D'étonnants bijoux géométriques, fabriqués sur place dans son atelier par Pamela Masferrer, à partir de matériaux de qualité, notamment de l'argent massif. Les pendentifs, colliers, bagues et bracelets voisinent avec des articles pour la maison et des robes de marques barcelonaises. La créatrice propose aussi des stages de bijouterie. (655 754008 ; www.amaliavermell.com ; Carrer del Planeta 11 ; 17h-21h lun-jeu, 10h30-14h30 et 17h-21h ven-sam, horaires variables ; M Fontana)

Bodega Bonavista
VINS

27 PLAN P. 136, C6

On trouve chez cet excellent petit caviste de quartier d'excellents vins à des prix raisonnables. La plupart proviennent de Catalogne et plus généralement d'Espagne, mais il y a aussi une bonne sélection de vins français. Le Bonavista fait également traiteur et ses fromages sont particulièrement bons. Vous pourrez déguster un verre de vin accompagné de fromage et de charcuterie à l'une des tables à l'intérieur. (93 218 81 99 ; www.facebook.com/bodegabonavistabcn ; Carrer de Bonavista 10 ; 10h-14h30 et 17h-21h lun-ven, 12h-15h et 18h-21h sam ; M Fontana)

Hibernian
LIVRES

28 PLAN P. 136, B4

La plus grande librairie d'occasion de Barcelone a en stock des milliers de titres couvrant tous les domaines, de la cuisine à la littérature enfantine. À noter aussi : un petit rayon de livres en langues étrangères. (93 217 47 96 ; www.hibernianbooks.com ; Carrer de Montseny 17 ; 16h-20h30 lun, 10h30-20h30 mar-sam ; M Fontana)

Explorer

Montjuïc, Poble Sec et Sant Antoni

Desservie par un téléphérique, la colline de Montjuïc qui s'élève au-dessus du port regroupe de remarquables musées d'art, des jardins et une imposante forteresse. À ses pieds s'étend le Poble Sec, avec ses rues en pente et ses bars à tapas animés, et le quartier à la mode de Sant Antoni, repaire de la jeunesse branchée.

Notre sélection

- ***Museu Nacional d'Art de Catalunya (MNAC, p. 148)***. *Un éblouissant panorama de l'art catalan, en particulier médiéval.*
- ***Fundació Joan Miró (p. 150)***. *Les œuvres d'un des plus illustres artistes espagnols du XXe siècle dans un espace lumineux conçu par l'architecte Josep Lluís Sert.*
- ***Promenade à Sant Antoni (p. 154 et p. 158)***. *Cafés chics et vintage, bars à tapas créatifs et halle de marché du XIXe siècle dans un quartier réhabilité.*
- ***CaixaForum (p. 158)***. *Une ancienne usine de style moderniste qui accueille des expositions d'avant-garde.*
- ***Telefèric del Port (p. 160)***. *La vue sur la ville depuis le téléphérique qui monte de la Barceloneta à Montjuïc.*

Comment s'y rendre et circuler

M Stations Espanya, Poble Sec, Paral·lel et Sant Antoni.

Les bus 150 et 55 desservent Montjuïc.

Un funiculaire relie la station Paral·lel au Parc Montjuïc.

Deux téléphériques grimpent jusqu'à Montjuic.

Plan du quartier p. 156

Castell de Montjuïc (p. 153) GYPSYPICTURESHOW/SHUTTERSTOCK ©

Les incontournables

Le Museu Nacional d'Art de Catalunya

L'extravagante silhouette néobaroque du Palau Nacional, sur les flancs de Montjuïc, est visible de l'autre bout de la ville. Construit pour l'Exposition universelle de 1929 et restauré en 2005, l'édifice abrite le musée national d'Art de Catalogne (MNAC). Son exceptionnelle collection d'art catalan allant du haut Moyen Âge au début du XXe siècle a pour trésor son ensemble unique de fresques romanes.

PLAN P. 156, C4

www.museunacional.cat

Mirador del Palau Nacional, parc de Montjuïc

adulte/enfant 12 €/gratuit, gratuit à partir de 15h sam et 1er dim du mois

horaires variables

55, M Espanya

Fresques romanes

La collection romane compte 21 fresques ainsi que des sculptures sur bois et des retables récupérés au début du XXe siècle dans des églises à l'abandon. Les intérieurs de certains édifices religieux ont été reconstitués afin de présenter les peintures dans leur cadre d'origine. Le Christ en majesté (1123) de l'Església de Sant Climent de Taüll (salle 7) et la Vierge à l'Enfant de l'Església de Santa Maria de Taüll (salle 9), provenant tous deux du Vall de Boí, sont véritablement admirables.

Collection gothique

En face de la section romane, on peut voir un ensemble d'œuvres gothiques réalisées en Catalogne et dans d'autres régions d'Espagne et de la Méditerranée, notamment des peintures des artistes catalans Bernat Martorell (salle 32) et Jaume Huguet (salle 34).

Renaissance et baroque

Cette galerie ouverte en 2018 expose quelque 300 pièces, dont des peintures de Velázquez, Zurbarán, Josep de Ribera, Goya, Tiepolo, Rubens, Greco et Canaletto. Elle intègre deux remarquables collections privées : la donation de Francesc Cambó et le prêt du musée madrilène Thyssen-Bornemisza.

Art moderne catalan

Un tableau de jeunesse de Salvador Dalí, *Portrait de mon père* (1925), des "collages" de Juan Gris, des portraits signés Mariano Fortuny et des affiches des années 1930 appelant à prendre les armes contre l'offensive franquiste retiennent particulièrement l'attention. À noter aussi des œuvres de Ramon Casas, Santiago Rusiñol, Antoni Tàpies et Antoni Gaudí.

★ À savoir

- L'avantageux Articket BCN (35 €) donne accès à six musées, dont le MNAC.
- La **terrasse** (Passeig de Santa Madrona 39-41 ; 🚌55) devant le musée, très fréquentée vers le coucher du soleil, dévoile un beau panorama.
- Le point de vue depuis la terrasse sur le toit est également magnifique (inclus dans le billet d'entrée ou 2 € l'accès au toit uniquement).

✕ Une petite pause ?

Au niveau principal du musée, un café sert boissons, sandwichs et desserts en toute décontraction.

Dans le Poble Sec, 10 minutes en aval, se trouve Xemei (p. 163), la star des restaurants italiens de Barcelone.

Les incontournables

La Fundació Joan Miró

Joan Miró (1893-1983), le plus connu des artistes barcelonais du XXe siècle, a légué cette fondation à sa ville natale en 1971. Le bâtiment conçu par son ami Josep Lluís Sert, qui réalisa aussi les ateliers de Miró à Majorque, renferme une collection exceptionnelle englobant toute la période d'activité du peintre et sculpteur, de ses premières esquisses à la maîtrise totale d'un style reconnaissable entre tous.

PLAN P. 156, E4

93 443 94 70

www.fmirobcn.org

Avinguda de Miramar

adulte/enfant 13 €/gratuit, guide multimédia 5 €

horaires variables

55, 150, Paral·lel

Le bâtiment

Le temple d'un blanc étincelant élevé par Josep Lluís Sert (1902-1983) à Miró compte parmi les musées les plus remarquables au monde sur le plan formel. L'architecte le réalisa en 1971 après avoir fui la dictature franquiste et passé de nombreuses années aux États-Unis à la tête de la School of Design de l'université d'Harvard. Inscrite dans un écrin de verdure, la fondation rassemble la plus importante collection d'œuvres de Miró, dont 220 peintures, 180 sculptures, 9 textiles et quelque 8 000 dessins réalisés à toutes les étapes de sa vie. Seule une petite partie de ces pièces sont exposées en alternance dans les différents espaces séparés par des cours, des fontaines et des oliviers.

La collection

Juste après l'entrée, la Sala Joan Prats (salle 1) contient les œuvres de jeunesse de Miró jusqu'en 1919. Elles montrent comment l'artiste passa progressivement d'un certain réalisme aux formes symboliques et couleurs primaires emblématiques de son art.

La Sala Pilar Juncosa (salle 2), du nom de la femme de l'artiste, est consacrée à la période surréaliste (1925-1968). Dans la salle 3 figurent le *Personnage devant le soleil* (*Personatge Davant del Sol*, 1968) et d'autres réalisations phares des années 1960 et 1970. Les salles 5, 6 et 7 accueillent une sélection issue de la collection privée Katsuta couvrant la période de 1914 à 1971. La salle 9 donne à voir des peintures et bronzes de premier plan créés à partir des années 1960, dont les fameuses "anti-peintures" des années 1970.

Vient ensuite le *Tapís de la Fundació* (salle 11), une immense tapisserie reprenant la palette de Miró. Enfin, vous passerez devant la *Fontaine de mercure* d'Alexander Calder, dont l'original fut créé pour l'Exposition universelle de 1937 à Paris.

★ À savoir

- Très intéressant, le guide multimédia (5 €) commente les œuvres majeures, avec des informations sur la vie et le travail de Miro, des photos et d'autres illustrations.
- Arrivez à l'ouverture, quand il y a le moins de monde.
- Le Jardí de les Escultures, un petit jardin parsemé de sculptures modernes, s'étend du côté est du musée.

Une petite pause ?

Près du centre du musée, un café-restaurant lumineux sert des plats méditerranéens. On peut boire un verre sur la terrasse attenante.

À 500 m à l'est du musée (à gauche en sortant), on peut boire un verre, grignoter des tapas et profiter d'une vue splendide au Salts Montjuïc (p. 153).

Promenade à pied

Points de vue et jardins de Montjuïc

C'est à pied que l'on profite au mieux de Montjuïc. Nombre de sentiers forestiers sillonnent cette colline dominant le port et la ville, passant par des jardins et de somptueux points de vue. Si une journée ne suffit pas pour tout voir, notre itinéraire permet de découvrir les plus beaux monuments et espaces verts.

Itinéraire

Départ Castell de Montjuïc ; Castell de Montjuïc

Arrivée Jardins de Joan Maragall ; M Plaça Espanya

Distance 3 km

Durée 1 heures 30

❶ Le château sur la colline

Le Telefèric de Montjuïc monte jusqu'au **Castell de Montjuïc** (p. 158), une forteresse à la sombre histoire qui séduit aujourd'hui pour son splendide panorama sur la ville. Ne manquez pas le petit sentier derrière, face à la mer.

❷ Jardins del Mirador

À une courte distance au nord-est en descendant le Camí del Mar, un sentier pédestre ombragé, on arrive aux **Jardins del Mirador** (www.barcelona.cat ; Carretera de Montjuïc ; entrée libre ; 🕙10h-coucher du soleil ; 🚡Telefèric de Montjuïc, Mirador), face à la station de téléphérique Mirador. Le point de vue y est également splendide.

❸ Vive la sardane !

Juste en contrebas, la **Plaça de la Sardana** (Carrer de Montjuïc ; 🚌150) doit son nom au groupe sculpté de danseurs exécutant cette danse catalane traditionnelle.

❹ Jardins de Joan Brossa

À gauche de la place, ces **jardins** (www.barcelona.cat ; Plaça de la Sardana ; entrée libre ; 🕙10h-coucher du soleil ; 🚡Telefèric de Montjuïc, Mirador) méditerranéens offrent une jolie perspective.

❺ Baignade et panorama

Faites une pause au **Salts Montjuïc** (📞616 893356 ; www.saltsmontjuic.com ; Avinguda de Miramar 31 ; 🕙10h-0h dim-jeu, 10h-1h ven-sam ; 🚌55, 150), un bar à tapas dont la terrasse panoramique donne sur les bassins de la piscine olympique de Montjuïc (formule baignade et dîner à 25 €) et le paysage urbain en contrebas.

❻ Parterres fleuris

Traversez la Carrer dels Tarongers jusqu'aux **Jardins de Mossèn Cinto de Verdaguer** (www.barcelona.cat ; Avinguda de Miramar 30 ; entrée libre ; 🕙10h-coucher du soleil ; 🚌55, 150), méticuleusement entretenus, où s'épanouissent 80 000 fleurs à bulbe.

❼ Clin d'œil à l'Alhambra

Derrière la **Fundació Joan Miró** (p. 150, les **Jardins de Laribal** (www.barcelona.cat ; Passeig de Santa Madrona 2 ; entrée libre ; 🕙10h-coucher du soleil ; 🚌55) créés en 1922 se composent de terrasses reliées entre elles par des allées, des escaliers et des pergolas couvertes de glycine. Les cours d'eau artificiels sont inspirés de l'Alhambra de Grenade.

❽ Jardin royal

Poursuivez 300 m vers l'ouest pour atteindre les **Jardins de Joan Maragall** (www.barcelona.cat ; Avinguda dels Montanyans 48 ; entrée libre ; 🕙10h-15h sam-dim ; Ⓜ Plaça Espanya), peu fréquentés et ouverts seulement le week-end. Il abrite des fontaines ornementales et un palais néoclassique, résidence de la famille royale espagnole à Barcelone.

Promenade à pied

Une soirée entre Sant Antoni et le Poble Sec

Le soir, une faune de Barcelonais jeunes et branchés se retrouve dans le Poble Sec et Sant Antoni, deux quartiers voisins jadis assoupis qui grouillent aujourd'hui de cafés, bars, clubs, restaurants et boutiques tendance.

Itinéraire

Départ Bar Ramón ; M Poble Sec

Arrivée Sala Apolo ; M Paral·lel

Distance 2,1 km

Durée toute la nuit !

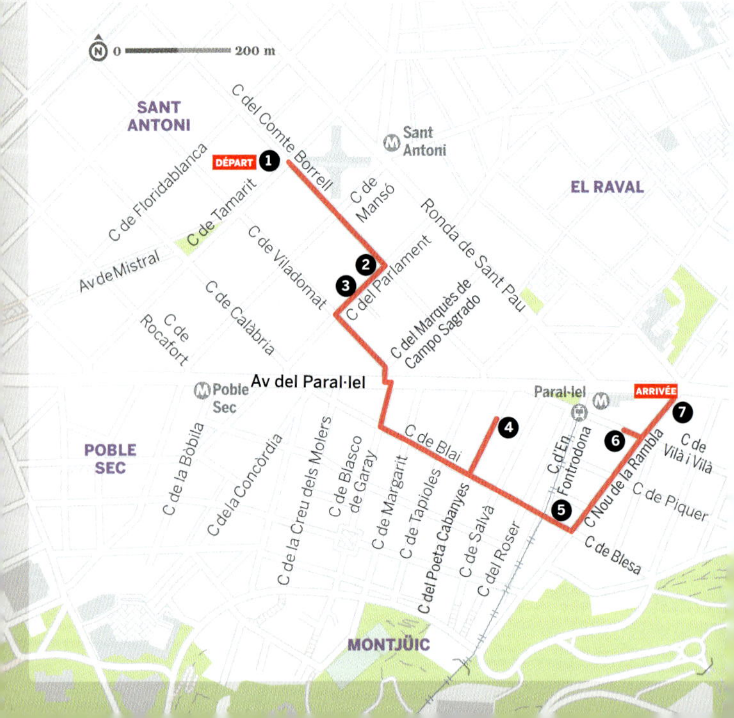

❶ Tapas et rock'n'roll

Institution du quartier depuis les années 1930, le **Bar Ramón** (☎93 325 02 83 ; barramon.dudaone.com ; Carrer del Comte Borrell 81 ; tapas 5-12 € ; ⏰20h30-23h30 lun-jeu, 14h-16h et 20h30-23h30 ven-sam ; Ⓜ Sant Antoni) sert de délicieuses tapas dans un décor de guitares et de vieilles photos de légendes américaines du rock. Goûtez en particulier le chorizo *jabuguitos* au cidre avec du cabrales (fromage des Asturies à pâte persillée), spécialité de la maison.

❷ Détour par l'Australie

Pionnier australien dans l'artère principale de Sant Antoni aujourd'hui riche en bars, le **Federal** (☎93 187 36 07 ; www.federalcafe.es ; Carrer del Parlament 39 ; plats 7-12 € ; ⏰8h-23h30 lun-jeu, 8h-0h ven, 9h-0h sam, 9h-17h30 dim ; 📶 ; Ⓜ Sant Antoni) combine ambiance décontractée, excellent café, brunchs mirifiques et cocktails le soir.

❸ Terrasse culte

Le week-end, rien ne vaut le **Bar Calders** (☎93 329 93 49 ; Carrer del Parlament 25 ; ⏰17h-2h lun-jeu, 17h-2h30 ven, 11h-2h30 sam, 11h-0h30 dim ; Ⓜ Poble Sec), chouchou du quartier, pour siroter un café ou grignoter des tapas avec un verre de vin ou de vermouth. Tout ce que Sant Antoni compte de bobos se donne rendez-vous sur sa terrasse.

❹ Cocktails et volupté

El Rouge (☎634 127581 ; www.facebook.com/elrougebar ; Carrer del Poeta Cabanyes 21 ; ⏰21h-2h30 mer-jeu et dim, 21h-3h ven-sam ; 📶 ; Ⓜ Paral·lel) est un bar-lounge à l'éclairage tamisé et aux canapés profonds, qui accueille à l'occasion DJ, lectures de poésie, spectacles de cabaret, jam sessions et soirées tango.

❺ Bodega bohème

Les rangées de tonneaux et les tapas classiques rappellent l'activité première de la **Gran Bodega Saltó** (☎93 441 37 09 ; www.bodegasalto.net ; Carrer de Blesa 36 ; ⏰18h-1h lun-jeu, 12h-3h ven-sam, 12h-0h dim) centenaire, aujourd'hui particulièrement animée les soirs de concert.

❻ Bières à gogo

Le bourdonnant **Abirradero** (☎93 461 94 46 ; www.abirradero.com ; Carrer de Vilà i Vilà 77 ; ⏰12h-0h dim-jeu, 12h-2h ven-sam ; 📶), l'une des meilleures brasseries artisanales de Barcelone, propose quarante bières à la pression.

❼ En piste

La mythique **Sala Apolo** (☎93 441 40 01 ; www.sala-apolo.com ; Carrer Nou de la Rambla 113 ; entrée club à partir de 15 € avec une conso ; ⏰concerts à partir de 20h, club à partir de 0h ; Ⓜ Paral·lel), dans un vieux théâtre paré de velours rouge, donne l'impression d'être un décor de film. Concerts en début de soirée et DJ après minuit.

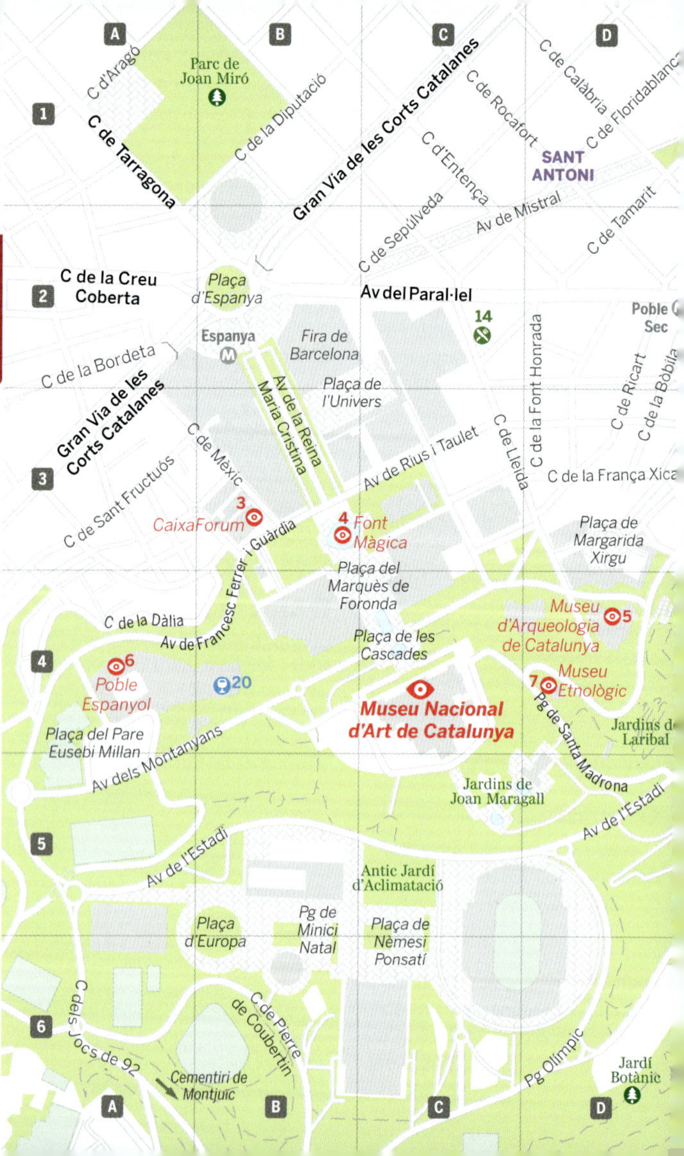
A
B
C
D
1
2
3
4
5
6
Parc de Joan Miró
C d'Aragó
C de Tarragona
C de la Diputació
Gran Via de les Corts Catalanes
C de Rocafort
C de Calàbria
C de Floridablanca
C d'Entença
SANT ANTONI
Av de Mistral
C de Sepúlveda
C de Tamarit
C de la Creu Coberta
Plaça d'Espanya
Av del Paral·lel
14
Poble Sec
Espanya
Fira de Barcelona
C de la Bordeta
Av de la Reina Maria Cristina
Plaça de l'Univers
C de la Font Honrada
C de Ricart
C de la Bòbila
Gran Via de les Corts Catalanes
C de Mèxic
Av de Rius i Taulet
C de Lleida
C de la França Xica
C de Sant Fructuós
3 CaixaForum
4 Font Màgica
Av de Francesc Ferrer i Guàrdia
Plaça de Margarida Xirgu
Plaça del Marquès de Foronda
Museu d'Arqueologia de Catalunya 5
C de la Dàlia
Plaça de les Cascades
6 Poble Espanyol
20
7 Museu Etnològic
Museu Nacional d'Art de Catalunya
Pg de Santa Madrona
Jardins de Laribal
Plaça del Pare Eusebi Millan
Av dels Montanyans
Jardins de Joan Maragall
Av de l'Estadi
Av de l'Estadi
Antic Jardí d'Aclimatació
Plaça d'Europa
Pg de Minici Natal
Plaça de Nèmesi Ponsatí
C dels Jocs de 92
C de Pierre de Coubertin
Cementiri de Montjuïc
Pg Olímpic
Jardí Botànic
A
B
C
D

Nos adresses
Les incontournables p. 148
Voir p. 158
Se restaurer p. 161
Prendre un verre p. 163
Sortir p. 164
Shopping p. 165
0
500 m
Mercat de Sant Antoni
Ronda de Sant Antoni
C de Viladomat
C de Mansó
C del Comte Borrell
C de Calàbria
C del Parlament
C del Marquès de Campo Sagrado
C de la Cera
C de les Carretes
C de la Reina Amàlia
Ronda de Sant Pau
C d'Aldana
C de Sant Pau
C de l'Abat Safont
Av del Paral·lel
Estació Paral·lel
Paral·lel
Jardins de les Tres Xemeneies
C de la Concòrdia
C de Radas
C de la Creu dels Molers
C de Blasco de Garay
C de Margarit
C de Blai
C del Poeta Cabanyes
C de Tapioles
C de Salvà
C del Roser
C d'En Fontrodona
C Nou de la Rambla
C de Vilà i Vilà
C de Cabanes
C de Piquer
C de Palaudàries
C de Blesa
POBLE SEC
Plaça del Sortidor
C d'Anníbal
C de Magalhães
Pg de l'Exposició
Pg de Montjuïc
MUHBA Refugi 307
Transbordador Aeri (Miramar)
Pg de la Font Trobada
Plaça de Carlos Ibáñez
Plaça de l'Armada
Pg de Miramar
Av de Miramar
Jardins de Miramar
C de Montjuïc
Jardí de les Escultures
Fundació Joan Miró
Parc Montjuïc
Telefèric de Montjuïc
Plaça de Dante
Jardins de Joan Brossa
Plaça de Neptu
MONTJUÏC
Plaça de la Sardana
Jardins de Mossèn Costa i Llobera
Jardins de Mossèn Cinto de Verdaguer
C dels Tres Pins
Mirador
C del Doctor Font i Quer
Jardins del Mirador
Ctra de Miramar
C dels Tarongers
Ronda del Litoral
Av del Castell
Castell
Pg del Migdia
C de la Cartoixa
Castell de Montjuïc
Estació del Port
Mirador del Migdia
Camí del Mar
E F G H
1 2 3 4 5 6

Voir

Castell de Montjuïc FORTERESSE

1 PLAN P. 156, G6

Dominant la Méditerranée depuis les hauteurs sud-est de la colline de Montjuïc, cette austère forteresse s'élève sur le site d'une tour de guet érigée en 1073. Elle date, pour sa forme actuelle, de la fin du XVIIe siècle et du XVIIIe siècle. Durant la majeure partie de sa sombre histoire, elle servit de prison et de lieu d'exécution, notamment pour les anarchistes à la fin du XIXe siècle, les fascistes lors de la guerre civile, puis les Républicains – c'est ici que le président de la généralité de Catalogne Lluís Companys fut fusillé en 1940. (☎93 256 44 40 ; ajuntament.barcelona.cat ; Carretera de Montjuïc 66 ; adulte/enfant 5/3 €, entrée libre après 15h dim et 1er dim du mois ; 10h-20h mars-oct, 10h-18h nov-fév ; 150, Telefèric de Montjuïc, Castell de Montjuïc)

Mercat de Sant Antoni MARCHÉ

2 PLAN P. 156, E1

Juste à l'ouest d'El Raval, cette belle halle en brique à armature métallique (1882) a rouvert en 2018 après neuf ans de restauration. Elle renferme 250 stands de produits de saison, textiles, articles domestiques et restauration. On peut voir dans les entrailles du bâtiment un tronçon de la Via Augusta romaine, les vestiges d'un mausolée du Ier siècle ainsi qu'un pan de rempart du XVIIe siècle. (☎93 426 35 21 ; www.mercatdesantantoni.com ; Carrer del Comte d'Urgell 1 ; 8h-20h30 lun-sam ; M Sant Antoni)

CaixaForum GALERIE D'ART

3 PLAN P. 156, B3

La banque La Caixa s'enorgueillit du soutien qu'elle apporte au monde de l'art. Cet espace d'exposition renferme une partie de sa vaste collection d'art moderne et accueille de superbes expositions temporaires internationales dans une ancienne usine appelée la Casaramona, un beau bâtiment moderniste en brique dû à Josep Puig i Cadafalch. (www.caixaforum.es ; Avinguda de Francesc Ferrer i Guàrdia 6-8 ; tarif plein/-16 ans 4 €/gratuit ; 10h-20h tte l'année, 10h-23h mer juil-août ; M Espanya)

Font Màgica FONTAINE

4 PLAN P. 156, B3

Créée à l'origine pour l'Exposition universelle de 1929, la fontaine monumentale devant l'imposante façade du Palau Nacional est le point d'orgue de l'Avinguda de la Reina Maria Cristina. Depuis les Jeux olympiques de 1992, elle offre chaque soir un spectacle son et lumière de 15 minutes durant lequel l'eau jaillit en gerbes de couleur sur fond de musique. (Avinguda de la Reina Maria Cristina ; entrée libre ; ttes les 30 min 19h30-22h30 mer-dim juin-sept, 21h-22h jeu-sam avr, mai et oct, 20h-21h jeu-sam nov-mars ; M Espanya)

Museu d'Arqueologia de Catalunya

MUSÉE

5 PLAN P. 156, D4

Occupant l'ancien palais des Arts graphiques bâti à l'occasion de l'Exposition universelle de 1929, ce musée archéologique rassemble une collection d'objets mis au jour en Catalogne mais aussi dans d'autres régions d'Espagne. La préhistoire locale, la cité gréco-romaine d'Emporion (Empúries) et les îles Baléares sont particulièrement bien représentées. Une mandibule humaine vieille de 53 200 ans découverte près de Sitges, des statues de la déesse punique Tanit (Ve-IIIe siècle av. J.-C.) provenant d'Ibiza et la belle mosaïque romaine des Trois Grâces (IIIe ou Ve siècle) retiennent l'attention. (MAC ; 93 423 21 49 ; www.macbarcelona.cat ; Passeig de Santa Madrona 39-41 ; adulte/enfant 6 €/gratuit ; 9h30-19h mar-sam, 10h-14h30 dim ; 55, M Poble Sec)

Poble Espanyol

PARC À THÈME

6 MAP P166, A4

Ce "Village espagnol", qui fut construit pour accueillir l'artisanat espagnol lors de l'Exposition universelle de 1929, est une reconstitution de l'architecture nationale. De l'Andalousie à la Galice, on découvre de belles reproductions des édifices emblématiques de l'Espagne. Les 117 bâtiments abritent aujourd'hui

Poble Espanyol

Se déplacer en téléphérique

Pour rejoindre Montjuïc depuis la Barceloneta, le plus rapide consiste à prendre le **Telefèric del Port** (plan p. 160, C8 ; www.telefericodebarcelona.com ; Passeig de Joan de Borbó ; aller simple/aller-retour 11/16,50 € ; 10h30-20h juin-début sept, horaires réduits début sept-mai ; V15, V19, M Barceloneta), qui monte de la Torre de Sant Sebastiá jusqu'à la station Miramar. Le **Telefèric de Montjuïc** (plan p. 156, F4 ; www.telefericdemontjuic.cat ; Avinguda de Miramar 30 ; adulte/enfant aller simple 8,40/6,60 € ; 10h-21h juin-sept, 10h-19h mars-mai et oct, 10h-18h nov-fév ; 55, 150) relie ensuite la station Parc Montjuïc, du côté nord de la colline, au **Castell de Montjuïc** (p. 158) via le mirador (point de vue).

des restaurants, bars et cafés et des ateliers, ainsi que magasins d'artisans. (93 508 63 00 ; www.poble-espanyol.com ; Avinguda de Francesc Ferrer i Guàrdia 13 ; tarif plein/4-12 ans 14/7 € ; 9h-20h lun, 9h-0h mar-jeu et dim, 9h-3h ven, 9h-4h sam ; 13, 23, 150, M Espanya)

Museu Etnològic

MUSÉE

7 PLAN P. 156, D4

Le musée ethnologique de Barcelone rassemble une collection d'environ 70 000 pièces illustrant le riche patrimoine culturel de la Catalogne où le sacré se mêle au profane. Il explore notamment les mythes originels, les fêtes religieuses et les traditions folkloriques. On peut y admirer, entre autres, plusieurs *gegants* (personnages géants en papier mâché), dont des représentations du roi Jacques Ier d'Aragon et de son épouse Yolande de Hongrie, ainsi que des costumes de démon portés lors des *correfocs* (courses de feu), toujours très présents lors des festivités catalanes. Explications en plusieurs langues. (93 256 34 84 ; www.barcelona.cat ; Passeig de Santa Madrona 16 ; tarif plein/enfant 5 €/gratuit, gratuit 15h-20h dim et 1er dim du mois ; 10h-19h mar-sam, 10h-20h dim ; 55)

MUHBA Refugi 307

SITE HISTORIQUE

8 PLAN P. 156, G3

Pendant la guerre civile, quelque 1 300 abris anti-aériens furent construits à Barcelone, alors la ville la plus lourdement bombardée par l'aviation franquiste. Intégré au Museu d'Història de Barcelona (MUHBA), celui qui fut creusé dans la roche de Montjuïc par les habitants entre 1937 et 1939 fait partie des mieux conservés. Il est accessible seulement le dimanche dans le cadre de visites guidées en anglais (10h30), espagnol (11h30) ou catalan (12h30). Réservation indispensable. (93 256 21 00 ; ajuntament.barcelona.cat ; Carrer Nou de la Rambla 175 ; visite guidée adulte/enfant 3,50 €/gratuit ; visites guidées 10h30, 11h30 et 12h30 dim ; M Paral·lel)

Se restaurer

Quimet i Quimet

TAPAS €

9 PLAN P. 156, F2

Les générations se succèdent à la tête de Quimet i Quimet. L'espace, tapissé de bouteilles, est exigu (pas de places assises), mais on s'y régale de *montaditos* (petites tapas sur une tranche de pain) préparées à la demande, tels que saumon au yaourt grec ou ventrèche aux oursins, le tout arrosé de vin ou de vermouth de la maison. (93 442 31 42 ; www.quimetquimet.com ; Carrer del Poeta Cabanyes 25 ; tapas 4-10 €, montaditos 3-4 € ; 12h-16h et 20h-22h30 lun-ven, fermé en août ; M Paral·lel)

Agust Gastrobar

BISTROT €€

10 PLAN P. 156, F1

Ouvert par deux chefs français (dont l'un a fait ses armes auprès de Gordon Ramsay), ce restaurant paré de brique nue, poutres apparentes et d'un carrelage rétro possède une jolie mezzanine. Les coquilles Saint-Jacques gratinées aux asperges et les cannellonis farcis de crevettes et d'avocat se distinguent. Côté desserts, laissez-vous surprendre par l'amusant "el cactus". (93 162 67 33 ; www.agustbarcelona.com ; Carrer del Parlament 54 ; plats 16-24 € ; 19h-0h lun-jeu, 14h-16h et 19h-0h ven-dim ; M Poble Sec)

Mano Rota

FUSION €€

11 PLAN P. 156, E2

Brique nue, tuyaux en aluminium, luminaires industriels et bois recyclé : tout contribue au style branché et contemporain du bistrot Mano Rota littéralement "main brisée", une expression espagnole désignant un talent confirmé). Saveurs asiatiques, sud-américaines et méditerranéennes se rencontrent dans des recettes comme le *suquet* (ragoût de poisson catalan) au lait de coco façon thaïe, le tagine de lotte ou les quesadillas aux feuilles de shiso. Le menu dégustation de 12 plats ne coûte que 65 €. (93 164 80 41 ; www.manorota.com ; Carrer de la Creu dels Molers 4 ; plats 13-20 € ; 20h-23h30 lun, 13h-15h30 et 20h-23h30 mar-sam ; M Poble Sec)

Carrer de Blai

Cette rue du Poble Sec regroupe de nombreux bars à tapas et *pintxos*, classiques ou revisités, dont les petites assiettes (tortilla, gambas aux poivrons piquillo...) coûtent la modique somme de 1 ou 2 €.

Palo Cortao

TAPAS **€€**

12 PLAN P. 156, G3

Cette table chic et contemporaine jouit d'une belle réputation pour ses *raciones* à base de fruits de mer ou de viande aux accents andalous, assorties de Jerez et autres crus espagnols. Goûtez les cannellonis de poulet aux truffes, les aubergines frites au miel ou le tataki de thon à l'*ajo blanco* (93 188 90 67 ; www.palocortao.es ; Carrer Nou de la Rambla 146 ; medias raciones 7-10 € ; 20h-1h mar-dim et 13h-17h sam-dim ; M Paral·lel)

Alkímia

CATALAN **€€€**

13 PLAN P. 156, F1

Cette adresse au look design – sols carrelés et surfaces blanches miroitantes – vous attend dans les locaux de la brasserie Moritz. L'alchimiste Jordi Vilà y élabore des plats catalans aussi raffinés qu'originaux qui lui ont valu une étoile au guide Michelin : soufflé de pommes de terre truffé, poisson sauvage en ragoût de crustacés... (93 207 61 15 ; www.alkimia.cat ; Ronda de Sant Antoni 41 ; plats 26-47 €, menu dégustation 138 € ; 13h30-15h30 et 20h-22h30 lun-ven ; M Universitat)

Casa de Tapas Cañota

TAPAS **€€**

14 PLAN P. 156, C2

Ce bar simple et convivial sert de bonnes tapas à des prix abordables. Les fruits de mer sont la spécialité : délicieux couteaux, crevettes sautées à l'ail et poulpe tendre. Réservation conseillée le week-end. La famille Iglesias aux commandes tient aussi la table de poisson Rías de Galicia à côté et le restaurant japonais fusion Espai Kru juste à l'étage. (93 325 91 71 ; www.casadetapas.com ; Carrer de Lleida 7 ; tapas 5-15 € ; 13h-16h mar-dim et 19h30-0h mar-sam ; M Poble Sec)

Xemei

VÉNITIEN **€€**

15 PLAN P. 156, E3

Chouchou italien des Barcelonais, Xemei ("jumeaux" en dialecte vénitien) est un authentique morceau de la Sérénissime dans la capitale catalane, sous la férule des frères Stefano et Max Colombo. Dans un décor vintage sur fond de jazz, optez pour une salade de burrata ou un assortiment de poissons à la vénitienne, puis des *bigoli* sauce anchois et oignon, des spaghettis à l'encre de seiche ou un risotto de saison. (93 553 51 40 ; www.xemei.es ; Passeig de l'Exposició 85 ; plats 16-25 € ; 13h45-15h30 et 20h45-23h, fermé 2 semaines en août ; M Poble Sec)

Fàbrica Moritz

GASTROPUB **€€**

16 PLAN P. 156, F1

La brasserie Moritz remaniée par l'architecte Jean Nouvel abrite ce gastropub couru dont la carte est l'œuvre de Jordi Vilà, le chef (étoilé) de l'Alkímia situé dans le même bâtiment. On y mange des plats de bistrot européens du type sandwichs gourmands, œufs cocotte cuits au four à bois, fish and chips, saucisses de Francfort et choucroute ou *flammkuche* (tarte flambée alsacienne). Le bar attenant propose des dégustations de tapas, de vermouth et de bière. (☎93 426 00 50 ; www.moritz.com ; Ronda de Sant Antoni 41 ; tapas 4-10 €, plats 8-18 € ; 8h30-1h30 dim-jeu, 8h30-2h ven-sam ; M Sant Antoni)

Martínez

ESPAGNOL **€€€**

17 PLAN P. 156, H4

Doté d'une terrasse offrant une vue imprenable sur le port, Martínez tranche avec les tables habituellement quelconques de Montjuïc. Outre des plats de riz, spécialité de la maison, la carte propose fruits de mer frais du marché, jambon cru et viandes grillées. Le bar reste ouvert jusqu'à 1h30 ou 2h30. (☎93 106 60 52 ; www.martinezbarcelona.com ; Carretera de Miramar 38 ; plats 20-35 € ; 13h-23h ; 150, Telefèric del Port, Miramar)

Sant Antoni Gloriós

TAPAS **€**

18 PLAN P. 156, E1

Le chef Fran Manduley a donné un coup de jeune à cette bodega de Sant Antoni avec de grands miroirs, des tonneaux en guise de tables et des bouteilles alignées, ce qui séduit la clientèle locale. Quoi que simples, les tapas (omelettes aux légumes, assiettes de charcuteries et fromages catalans...) brillent par leur qualité. Il y a aussi des beignets de morue, des *patates braves* entre autres petites choses à grignoter à l'heure du vermouth. (☎93 424 06 28 ; www.facebook.com/SantAntoniGlorioso ; Carrer de Mansó 42 ; plats 4-12 € ; 13h-23h mar-sam, 13h-15h dim ; M Poble Sec)

Prendre un verre

La Caseta del Migdia

BAR

19 PLAN P. 156, E6

Vos efforts pour parvenir jusqu'à ce simple *xiringuito*, perché sur le versant de Montjuïc, seront largement récompensés. Vous pourrez en effet contempler la Méditerranée devant une bière ou une boisson sans alcool et des grillades cuites au barbecue

Quimet i Quimet (p. 161)

PAUL BARRON/SHUTTERSTOCK ©

à l'extérieur. À mesure que le soleil descend, l'ambiance change sur fond de reggae, de funk ou de samba. (☎617 956572 ; www.lacaseta.org ; Mirador del Migdia ; ⌚20h-1h mer-ven, 12h-1h sam-dim avr-sept, 12h-coucher du soleil sam-dim oct-mars ; 🚌150)

La Terrrazza

CLUB

20 PLAN P. 156, B4

L'été venu, une foule bien mise de Barcelonais et de touristes se pressent dans ce club partiellement en plein air pour de folles nuits placées sous le signe de la danse (house, techno et électro pour l'essentiel) et des cocktails rappelant vaguement Ibiza. L'établissement occupe une demeure dans le style des Baléares à l'intérieur du Poble Espanyol (p. 159). (☎687 969825 ; laterrrazza.com ; Avinguda de Francesc Ferrer i Guàrdia 13, Poble Espanyol ; entrée 10-15 € ; ⌚0h-6h30 jeu-sam mai-sept ; 🚌13, 23, 150, M Espanya)

Bar Olimpia

BAR

21 PLAN P. 156, F2

Ce petit bar de quartier rétro incarne une tranche de l'histoire de Barcelone. C'est ici et dans les rues alentour que se tenait le populaire Teatro Circo Olympia (1924-1947). Le vermouth maison et le solide gin-tonic attirent une clientèle variée. (☎93 129 90 93 ; www.facebook.com/bar.olimpia.5 ; Carrer d'Aldana 11 ; ⌚21h-1h lun-mar, 19h-1h mer, 18h-1h jeu, 20h-3h ven-sam ; M Paral·lel)

La Mari Ollero

BAR À VINS

22 PLAN P. 156, E2

Cette *vermuteria* aux murs de brique rose et guéridons de bistrot à plateau de marbre se démarque par son côté contemporain et une agréable note andalouse. Les vins (3-5 € le verre) viennent du sud (goûtez le Montilla-Moriles), de Catalogne et d'autres régions septentrionales. Les tapas (1-6 €) allient les saveurs de Barcelone et de Cordoue (*patates braves*, *salmorejo*...). (☎93 327 84 85 ; www.lamariollero.com ; Carrer de Calàbria 5 ; ⌚12h-0h, horaires variables ; M Poble Sec)

Metro Disco

CLUB GAY

23 PLAN P. 156, F1

Deux pistes de danse, trois bars et des backrooms attirent au Metro une clientèle très festive. Il y aussi des spectacles et soirées qui vont des défilés de danseurs aux soirées bingo en passant par un strip-tease de temps en temps. Le gros des clubbeurs n'arrivent que tard dans la nuit. (☎93 323 52 27 ; www.metrodiscobcn.com ; Carrer de Sepúlveda 185 ; entrée à partir de 5 € ; ⌚0h-5h dim-jeu, 0h-6h30 ven-sam ; M Universitat)

Sortir

BARTS

SALLE DE CONCERTS

24 PLAN P. 156, G2

Le BARTS jouit d'une solide réputation grâce à sa programmation innovante et éclectique – compagnies de danse urbaine, électro swing, pop psychédélique, cirque acrobatique, etc. L'auditorium confortable de taille moyenne est doté d'une excellente acoustique. (Barcelona Arts on Stage ; 93 324 84 92 ; www.barts.cat ; Avinguda del Paral·lel 62 ; M Paral·lel)

Shopping

Popcorn Store

MODE ET ACCESSOIRES

25 PLAN P. 156, E1

Cette boutique met à l'honneur des marques barcelonaises pour femmes du dernier cri, comme Sister Dew, qui crée des vêtements asymétriques, et Ester Gueroa, qui privilégie les motifs colorés et la dentelle. On y trouve aussi d'élégants pantalons, chemises et ceintures pour hommes de stylistes européens, notamment italiens. (www.facebook.com/popcornstorebcn ; Carrer Viladomat 30-32 ; 11h-15h et 16h30-20h30 lun-sam)

Llibreria Calders

LIVRES

26 PLAN P. 156, E1

Cette librairie et lieu de rendez-vous littéraire animé vend des ouvrages neufs et d'occasion, en particulier d'auteurs catalans, entre les murs en pierre apparente d'une ancienne fabrique de boutons. (93 442 78 31 ; www.facebook.com/lacalders ; Passatge de Pere Calders 9 ; 10h-21h lun-ven, 11h-21h sam, 11h30-19h dim, fermé dim août ; M Poble Sec)

Brava

MODE ET ACCESSOIRES

27 PLAN P. 156, E2

Inspirée par l'art et les voyages, cette marque de mode équitable décline des modèles pour hommes et femmes d'une élégante sobriété, réalisés à partir de matériaux durables dans des ateliers espagnols et portugais. (www.bravafabrics.com ; Carrer del Parlament 25 ; 11h-21h lun-ven, 11h-15h et 16h-21h sam-dim ; M Poble Sec)

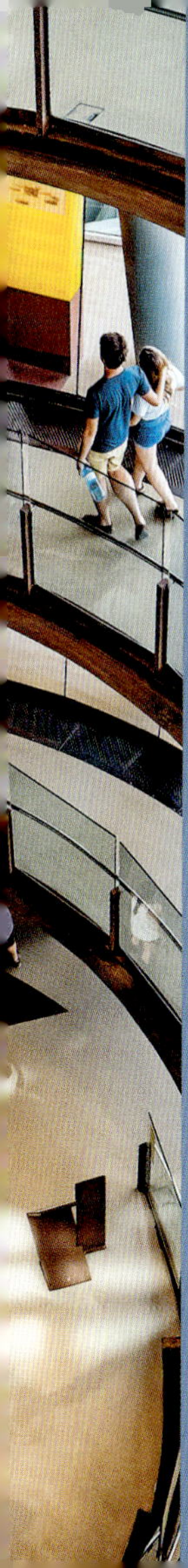

Explorer

Le Camp Nou, Pedralbes et La Zona Alta

Certains des sites les plus sacrés de la ville se trouvent dans ces quartiers : le paisible monastère de Pedralbes et le Camp Nou, temple du football catalan. Le mont Tibidabo, le parc naturel de Collserola et les quartiers peu touristiques de Sarrià et Sant Gervasi justifient également de s'aventurer jusque-là.

Notre sélection

- ***Camp Nou (p. 168)***. *Pour revivre les grands moments du FC Barcelone ou assister à un match.*
- ***Reial Monestir de Santa Maria de Pedralbes (p. 171)***. *Le cloître gothique et les peintures murales d'un monastère du début XIVe siècle.*
- ***CosmoCaixa (p. 171)***. *Un excellent musée des sciences accessible aux enfants.*
- ***Bellesguard (p. 172)***. *Une réalisation méconnue de Gaudí aux airs de château gothique.*
- ***Tibidabo (p. 172)***. *Points de vue inspirants, sentiers de randonnée et parc d'attractions rétro.*

Comment s'y rendre et circuler

M La ligne 3 dessert le Camp Nou et le Palau de Pedralbes (Palau Reial).

Des trains FGC rallient le Tibidabo et le parc naturel de Collserola.

Le nouveau funiculaire Cuca de Llum (www.tibidabo.cat/en/cucadellum), grimpe au sommet du Tibidabo.

Plan du quartier p. 170

CosmoCaixa (p. 171) FRANTICOO/SHUTTERSTOCK ©

Les incontournables

Le Camp Nou et le musée du FC Barcelone

Si rien ne vaut l'excitation d'un match, une visite audioguidée du Camp Nou permet aux fans du FC Barcelone de découvrir les coulisses du club à travers un musée présentant des expositions multimédias, des trophées et des objets historiques. Et cela avant d'explorer bien sûr le stade proprement dit.

PLAN P. 148, A6

www.fcbarcelona.com

Porte 9, Avinguda de Joan XXIII

adulte/4-10 ans 29,50/23,50 €, visite guidée 45/37 €

horaires variables

M Palau Reial

Le musée

La visite débute par le musée high-tech dédié au FC Barcelone. Écrans tactiles, objets et présentations historiques explorent le rôle social du club et ses liens avec l'identité catalane. Parmi les installations sonores figurent l'hymne du club et les clameurs du public lors des rencontres. L'Argentin Lionel Messi, l'un des meilleurs joueurs de la planète en activité, a droit à sa propre section.

Le stade

Embrasser du regard l'intérieur du Camp Nou est en soi inoubliable. Le stade de 100 000 places, construit en 1957 et agrandi pour la Coupe du monde 1982, fait partie aujourd'hui encore des plus vastes. Il pourra même accueillir 6 000 spectateurs supplémentaires à l'issue des rénovations massives qui s'achèveront en août 2023 (pas de fermeture pendant les travaux). Le circuit vous emmène dans les vestiaires, puis emprunte le tunnel qui débouche au bord du terrain. Il inclut aussi la salle de presse. Prévoyez au moins 1 heure 30 de visite. Le billet Players Experience (adulte/enfant 149/99 €) permet de voir les vestiaires privés du FC Barcelone et donne droit à deux photos, une expérience virtuelle et un cadeau souvenir.

Un vrai match, en direct

Les billets pour les rencontres du Barça sont en vente au Camp Nou, sur le site Internet du club et dans divers lieux en ville, dont l'office du tourisme de la Plaça de Catalunya (p. 182) et les enseignes FC Botiga. Les tarifs s'échelonnent entre 39 et 400 €. Les jours de match, les guichets des **portes 9 et 14** (Avinguda de Joan XXIII ; 🕒9h15-19h30 en saison, 9h45-18h30 lun-sam, 9h45-14h30 dim hors saison, 9h15-début de la partie ; Ⓜ Palau Reial) restent ouverts jusqu'au coup d'envoi.

★ À savoir

- Arrivez de préférence tôt dans la journée pour éviter l'affluence, surtout d'avril à octobre.
- Les billets du Barça Stadium Tour & Museum s'achètent aux distributeurs automatiques de la porte 9 ; inutile de faire la queue.
- La **FC Botiga Megastore** (www.fcbarcelona.com ; Gate 9, près de l'Avinguda de Joan XXIII ; 🕒10h-20h, jusqu'au coup d'envoi les jours de match ; Ⓜ Palau Reial) sur trois niveaux vend toutes sortes d'articles frappés de l'écusson du Barça.

✕ Une petite pause ?

Lizarran (www.lizarran.es ; Carrer de Can Bruixa 6 ; 🕒20h-0h ; Ⓜ Les Corts), 800 m au nord-est du Camp Nou, sert des tapas et des boissons.

A
B
C
D
1
2
3
4
5
6
0
500 m
Nos adresses
Les incontournables p. 168
Voir p. 171
Se restaurer p. 173
Prendre un verre p. 174
Shopping p. 175
Tibidabo 3
13
CosmoCaixa 2
Ronda de Dalt
5
4 Bellesguard
Av del Tibidabo
11
Vallcarca
Av Tibidabo
Jardins del Turó del Putget
Av del Príncep d'Astúries
Peu del Funicular
Av de Vallvidrera
C de Balmes
Lesseps
C d'Iradier
C d'Anglí
Pg de la Bonanova
C de Mandri
C de les Escoles Pies
C de Ganduxer
Ronda del General Mitre
Pàdua
Parc de Monterols
C de Muntaner
Molina
9
Sant Gervasi
Plaça de Sarrià
Reina Elisenda
8
Sarrià
Les Tres Torres
La Bonanova
Muntaner
Gràcia
Parc de l'Oreneta
C Major de Sarrià
C de Santaló
C d'Amigó
C de Calvet
14
10
SANT GERVASI
C del Bisbe Català
SARRIÀ
Via Augusta
15
1
Reial Monestir de Santa Maria de Pedralbes
Av de Josep Vicenç Foix
Pg de Sant Joan Bosco
Parc del Turó
6
Travessera de Gràcia
7
Av de Pau Casals
Plaça de Francesc Macià
Vil·la Amèlia Garden
Plaça de la Reina Maria Cristina
Av de Sarrià
C de París
C del Comte d'Urgell
Av de Pedralbes
PEDRALBES
Maria Cristina
Gran Via de Carles III
Av Diagonal
Travessera de les Corts
C d'Entença
Av de Josep Tarradellas
C de Viladomat
Hospital Clínic
Jardins del Palau de Pedralbes
C de Numància
12
Parc de les Corts
Palau Reial
LES CORTS
ZONA UNIVERSITÀRIA
Av de Joan XXIII
Les Corts
C de Berlín
Entença
Av de Roma
C d'Aragó
Barça Stadium Tour & Museum
Plaça del Centre
Sants Estació
C d'Arístides Maillol
Travessera de Les Corts
Av de Madrid
SANTS
Estació Sants
C d'Entença
C de Tarragona
Tarragona
Parc de Joan Miró
Ctra de Collblanc
Badal
Plaça de Sants
Hostafrancs
C de Sants
C de Badal
Collblanc
C de la Creu Coberta
Plaça d'Espanya
Espanya
LA TORRASSA

Voir

Reial Monestir de Santa Maria de Pedralbes MONASTÈRE

1 PLAN P. 170, A4

Aujourd'hui musée de la vie monastique (les dernières religieuses ont déménagé dans des bâtiments voisins plus modernes), ce couvent fondé en 1327 se dresse au milieu d'une zone résidentielle encore rurale au XXe siècle, qui reste l'un des coins les plus paisibles de Barcelone. Son grand cloître sur trois niveaux et sa sobre église sont des bijoux de l'art gothique catalan. (93 256 34 34 ; monestirpedralbes.bcn.cat ; Baixada del Monestir 9 ; adulte/enfant 5 €/gratuit, gratuit dim à partir de 15h et 1er dim du mois ; 10h-19h dim avr-sept, 10h-14h mar-ven, 10h-17h sam-dim oct-mars ; H4, V5, 63, 68, 75, 78, FGC Reina Elisenda)

CosmoCaixa MUSÉE

2 PLAN P. 170, B2

Ce musée des sciences ravit les enfants, petits et grands. Son point fort est la reconstitution sur plus d'1 km² d'une mangrove amazonienne (*Bosc Inundat*). Une centaine d'espèces animales (anacondas, grenouilles venimeuses colorées, caïmans) et végétales amazoniennes peuplent ce biotope unique, dans lequel sont simulées des averses tropicales. (Museu de la Ciència ; 93 212 60 50 ; www.cosmocaixa.com ; Carrer d'Isaac Newton 26 ; tarif plein/-16 ans 6 €/gratuit, visite guidée à partir de 3 €, planétarium 4 € ;

Carrer Major de Sarrià (p. 172)

Balade dans le vieux Sarrià

Le centre historique de Sarrià est un havre de tranquillité largement piétonnier, avec des rues étroites, des places coquettes et des immeubles cossus. Fondé au XIIIe ou XIVe siècle et intégré à Barcelone en 1921, le secteur s'organise autour de la sinueuse et pentue Carrer Major de Sarrià, bordée de boutiques et de restaurants. En haut de la rue (au nord) s'étire la jolie **Plaça de Sarrià**, à l'ombre de l'Església de Sant Vicenç de Sarrià (XVIIIe siècle). Les bus 68 et V7, entre autres, passent par là.

En descendant, pénétrez sur la **Plaça del Consell de la Vila** et la **Plaça de Sant Vicenç de Sarrià** arborée, puis dirigez-vous à nouveau vers le sud pour rejoindre le **Monestir de Santa Isabel** (1886), un ancien couvent de clarisses. Environ 600 m plus au sud, dans le Passeig de Manuel Girona, se dresse le **Portal Miralles** (1902), une œuvre mineure de Gaudí souvent ignorée des touristes. Ce portail moderniste serpentiforme s'appuie sur ce qui reste du mur du cloître, couvert de *trencadís* blanc.

10h-20h tlj ; V15, V13, 196, 123, FGC Avinguda Tibidabo)

Tibidabo

MONTAGNE

3 PLAN P. 170, A1

À l'extrémité nord de Barcelone s'élève le Tibidabo (512 m) tapissé de pinèdes, point culminant de la Serra de Collserola. Il fait partie des 80 km² du verdoyant **parc naturel de Collserola** (93 280 35 52 ; www.parcnaturalcollserola.cat ; Carretera de l'Església 92) qui se prête agréablement à la marche et au vélo.

Offrant une perspective splendide depuis son sommet, le mont accueille un **parc d'attractions** (93 211 79 42 ; www.tibidabo.cat ; Plaça de Tibidabo 3-4 ; adulte/enfant 28,50/10,30 € ; mars-déc, horaires variables ; ; T2A, T2C) rétro. Outre la **tour des télécommunications** (www.torredecollserola.com ; Carretera de Vallvidrera al Tibidabo ; adulte/enfant 5,60/3,30 € ; horaires variables) dotée d'une plateforme panoramique, une grande **église** (Plaça de Tibidabo ; tibidabo.salesianos.edu ; ascenseur 4 € ; 11h-18h) néogothiquese dresse sur la hauteur visible de nombreux points de la ville.

Bellesguard

ARCHITECTURE

4 PLAN P. 170, B2

Œuvre méconnue de Gaudí bâtie entre 1900 et 1909 et propriété de la famille Guilera depuis les années 1940, cette résidence aux allures de château médiéval a été ouverte au public en 2013. Elle associe éléments gothiques et modernistes : murs crénelés en pierre et brique, vitraux, fer forgé et flèche surmontée de la fameuse croix gaudienne. (93 250 40 93 ; www.bellesguardgaudi.com ; Carrer de Bellesguard 20 ; tarif plein/8-18 ans 9/7,20 € ; 10h-15h mar-dim ; FGC Avinguda Tibidabo)

Se restaurer

La Balsa

MÉDITERRANÉEN €€€

5 PLAN P. 170, B2

Avec sa belle hauteur sous plafond et sa terrasse entourée d'un jardin odorant, cette adresse gourmande créée en 1979 se range dans le haut du panier. La carte saisonnière marie tradition catalane et créativité (cochon de lait aux pommes et à la cardamome, coquilles Saint-Jacques au chou et à la longe de porc ibérique…). (93 211 50 48 ; www.labalsarestaurant.com ; Carrer de la Infanta Isabel 4 ; plats 21-28 € ; 13h30-15h15 et 20h30-22h30 ; ; FGC Avinguda Tibidabo)

Aspic

CAFÉ €€

6 PLAN P. 170, C4

L'enseigne phare de cette chaîne barcelonaise sublime les produits de luxe – saumon fumé, charcuterie et fromage de première qualité, huile d'olive extra et vins espagnols choisis – dans des soupes de saison exquises, des salades originales et des plats de résistance comme le loup sauvage à l'ail. La partie traiteur/épicerie vend de quoi pique-niquer dans le Parc del Turó voisin. (93 200 04 35 ; www.aspic.es ; Avinguda de Pau Casals 24 ; plats 10-20 € ; 9h-0h mar-sam, 9h-16h dim ; ; T1, T2, T3 Francesc Macià)

Tapas 24

TAPAS €

7 PLAN P. 170, D4

Dans ce café d'angle doté d'une grande terrasse, Carles Abellán, le chef vedette de Barcelone, apporte sa touche gastronomique haut de gamme aux tapas classiques telles que *bikini* (sorte de croque-monsieur, ici au jambon fumé et aux truffes), tortilla préparée à la demande, anchois marinés au citron ou *payoyo* (fromage andalou) crémeux. Pas de réservation. (93 858 93 29 ; www.carlesabellan.com ; Avinguda Diagonal 520 ; tapas 4-12 € ; 7h45-0h lun-ven, 9h-0h sam-dim ; M Diagonal)

Vivanda

CATALAN €€

8 PLAN P. 170, A3

Confiés aux bons soins du célèbre chef catalan Jordi Vilà, les gourmets sont à la fête dans ce restaurant de Sarrià. La carte de tapas et de *platillos* (fromages artisanaux, raviolis de légumes, poisson au four…) fait la part belle aux produits frais de saison. La terrasse arborée à l'arrière est équipée de calorifères et de plaids en hiver. (93 203 19 18 ; www.vivanda.cat ; Carrer Major de Sarrià 134 ; tapas 4-14 €, assiettes à partager 10-22 € ; 13h30-15h30 et 20h30-23h mar-sam, 13h30-15h30 dim ; ; FGC Reina Elisenda)

Mitja Vida

TAPAS €

9 PLAN P. 170, D3

Une clientèle jeune, joviale et principalement locale se presse autour des bars en inox de ce petit bar à tapas agréable. On y sert des portions généreuses d'anchois, de calamars, de harengs fumés, de fromage et de *mojama* (thon en salaison). La boisson phare est le vermouth maison. (www.morrofi.cat ; Carrer de Brusi 39 ; tapas 4-8 € ; 18h-23h30 lun-jeu, 12h-16h et 18h-23h30 ven-sam, 12h-16h dim, fermé août ; FGC Sant Gervasi)

Cerveceria San Fernández

ESPAGNOL €€

10 PLAN P. 170, D4

L'équipe familiale du bar Dry Martini (p. 127) à L'Eixample tient aussi cette petite adresse chic, établie de longue date. Les clients ont le choix entre une salle aux murs rouges ornés de fresques gaies et des tables sur le trottoir pour déguster une cuisine catalane finement préparée quoique sans chichis. (Casa Fernández ; 93 201 93 08 ; www.drymartiniorg.com ; Carrer de Santaló 46 ; tapas 4-12 €, plats 9-20 € ; 13h-17h et 20h-0h lun-sam, 12h-0h dim ; FGC Gràcia)

La Molina

CATALAN €€

11 PLAN P. 170, C2

Cette charmante adresse, qui ressemble à première vue aux typiques bars à tapas sans prétention – terrasse sur le trottoir et salle quelconque –, dissimule à l'arrière un restaurant catalan au goût du jour qui gagne à être connu. L'offre épouse les saisons, avec des plats tels que riz au poulpe, moules au vin blanc ou escargots à l'étouffée, tous cuisinés dans les règles de l'art et esthétiquement présentés. (93 417 11 24 ; www.restaurantemolina.net ; Passeig de Sant Gervasi 65 ; plats 11-17 € ; 10h-23h mar-jeu, 10h-0h ven, 11h-17h sam-dim ; FGC Avinguda Tibidabo)

Prendre un verre

El Maravillas

BAR À COCKTAILS

12 PLAN P. 170, B5

Ce bar séduit par son emplacement sur une place paisible des Corts, loin du tumulte de la Ciutat Vella. Andreu Estríngana, l'un des meilleurs mixologistes d'Espagne, et son équipe y réalisent des cocktails originaux (7-12 €) portant le nom de célèbres champions sportifs. Les amateurs de bons vins espagnols et de vermouth gouleyant trouveront aussi leur bonheur. (93 360 73 78 ; www.elmaravillas.cat ; Plaça de la Concòrdia 15 ; 12h-0h dim-mar, 12h-1h mer, 12h-2h jeu, 12h-3h ven-sam ; M Les Corts, T1, T2, T3 Numància)

Gimlet

BAR À COCKTAILS

L'un des plus vieux bars à cocktails de Barcelone, remis au goût du jour avec style, sous la houlette du garçon talentueux à la tête de la Cerveceria San Fernández voisine (voir 10 plan p. 170, D4). Les gimlets et les martinis font sa renommée. On peut même participer à des ateliers pour apprendre l'art du cocktail. (93 201 53 06 ; www.drymartiniorg.com ; Carrer de Santaló 46 ; 18h-1h lun-mer, 18h-2h30 jeu, jusqu'à 3h ven-sam ; T1, T2, T3 Francesc Macià, FGC Muntaner)

Mirablau

BAR

13 PLAN P. 170, C1

La vue est imprenable depuis la terrasse de ce bar-restaurant et boîte de nuit au pied du funiculaire du Tibidabo, ce qui compense un service un peu inégal. Le bar est réputé pour son impressionnante sélection de gins (12-15 €). (93 418 58 79 ; www.mirablaubcn.com ; Plaça del Doctor Andreu ; 11h-4h30 lun-jeu, 10h30-6h ven-sam, 10h-3h30 dim ; 196, FGC Avinguda Tibidabo)

Shopping

Mercat de Galvany

MARCHÉ

14 PLAN P. 170, D4

Ouvert en 1927, le marché de Galvany est l'un des plus beaux de la ville avec sa façade de brique et sa fine charpente métallique illuminée par de hautes baies. Plus de 80 stands vendent une incroyable variété de produits frais, de charcuteries et de produits d'épicerie fine. Et il y a aussi un café discret. (www.mercatgalvany.es ; Carrer de Santaló 65 ; 7h-14h30 lun-jeu et sam toute l'année, 7h-20h ven approx sept-mai ; FGC Muntaner)

Catalina House

DÉCO

15 PLAN P. 170, D4

Forte de ses 10 ans de succès sur l'île de Formentera, aux Baléares, Catalina House a ouvert une seconde boutique à Barcelone, dans le quartier de Sant Gervasi. Ses élégants objets pour la maison, d'inspiration méditerranéenne, sont fabriqués avec des matériaux durables tels que le lin, le coton, la pierre, le verre, la terre cuite et les bois recyclés traités à l'huile. (93 140 96 39 ; www.catalinahouse.net ; Carrer d'Amigó 47 ; 10h15-14h et 17h-20h lun-ven, 10h30-14h sam ; FGC Muntaner)

Préparation d'un *bikini*, Tapas 24 (p. 173)

Carnet pratique

Fontaine du Lézard, Park Güell (p. 132) ELI_ASENOVA/GETTY IMAGES ©

Avant de partir

Hébergement

- Quels que soient l'endroit et la période, mieux vaut réserver son hébergement.
- Vous serez au cœur de la ville en logeant dans le Barri Gòtic, à El Raval ou à La Ribera, mais du jeudi au dimanche, les nuits peuvent y être très bruyantes.
- L'Eixample est plus calme (hormis ses grands boulevards), tandis que El Poblenou et La Barceloneta sont proches de la plage.
- Les quartiers plus excentrés sont plus tranquilles.

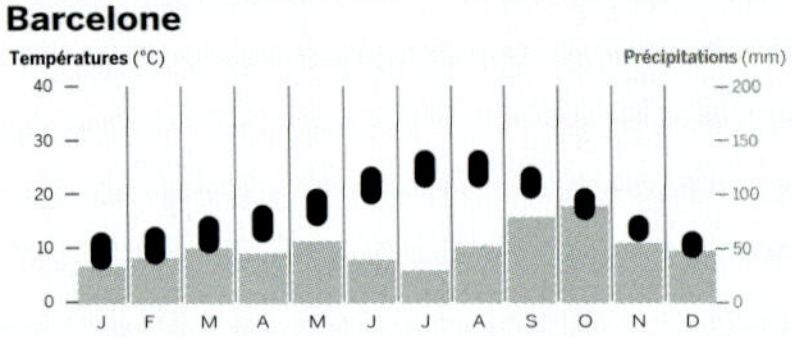

Climat

- **Été (juin-août).** Températures estivales mais énorme afflux de touristes en juillet et août. Les Barcelonais fuient la ville en août.
- **Automne (sept-nov).** Septembre est l'un des meilleurs mois pour visiter Barcelone. Octobre et novembre sont plus calmes.
- **Hiver (déc-fév).** Les nuits peuvent être fraîches et le temps pluvieux, mais les visiteurs sont peu nombreux et les journées parfois ensoleillées.
- **Printemps (mars-mai).** Période agréable. Pas trop de touristes, mais temps mitigé.

Sites Internet

Outre les plateformes Booking.com et Airbnb, consultez les sites de réservation d'hébergement suivants :

Aparteasy (www.aparteasy.com)

Friendly Rentals (www.friendlyrentals.com)

Barcelona On Line (www.barcelona-on-line.com)

Apartment Barcelona (www.apartmentbarcelona.com)

MH Apartments (www.mhapartments.com)

Idealista (www.idealista.com/fr)

Lonely Planet (www.lonelyplanet.fr)

Petits budgets

Casa Gràcia (www.casagraciabcn.com). Auberge de jeunesse stylée et conviviale aux chambres blanc et or.

360 Hostel Arts & Culture (www.french.hostelworld.com). Ambiance animée et déco artistique.

Pensió 2000 (www.pensio2000.com). Pension familiale donnant sur le Palau de la Música Catalana.

Pars Tailor's Hostel (parshostels.com). Adresse branchée de Sant Antoni.

TOC Hostel (www.tochostels.com). Dortoirs modernes, chambres privées et piscine, à L'Eixample.

Pars Teatro Hostel (www.parshostels.com). Un lieu théâtral, à la lisière du Poble Sec.

Catégorie moyenne

Praktik Rambla (www.hotelpraktikrambla.com). Boutique-hôtel aménagé dans un bel immeuble du XIXᵉ siècle de L'Eixample.

Hotel Brummell (www.hotelbrummell.com). Établissement de charme, avec piscine et café, dans le Poble Sec.

Five Rooms (www.the5rooms.com). Une adresse de L'Eixample digne d'un magazine de déco.

Casa Mathilda (www.casamathilda.com). Ambiance intimiste et cadre cosy dans L'Eixample.

Barceló Raval (www.barcelo.com). Hôtel design avec terrasse sur le toit, bar et piscine.

Hotel Market (www.hotelmarketbarcelona.com). Chambres joliment conçues dans Sant Antoni.

Catégorie supérieure

El Palace (www.hotelpalacebarcelona.com). Le grand hôtel de luxe de L'Eixample, plus que centenaire.

Casa Bonay (www.casabonay.com). Un immeuble de 1896 revisité par des créateurs, à L'Eixample.

Hotel Neri (www.hotelneri.com). Bel hôtel historique au cœur du Barri Gòtic.

The Serras (serrashotel.com/fr). Un cinq-étoiles design près du port, doté d'une piscine sur le toit.

Hotel Arts Barcelona (www.ritzcarlton.com). Une tour avec vue sur le front de mer.

Arriver à Barcelone

Voie aérienne

Depuis la France

- **Iberia** (✆ 0825 800 965 ; www.iberia.com) et **Air France** (✆ 36 54 ; www.airfrance.fr) assure des vols réguliers quotidiens depuis Paris. Les tarifs débutents autour de 150 € l'aller-retour.
- Les compagnies low-cost **Vueling** (www.vueling.com), **EasyJet** (www.easyjet.com) et **Ryanair** (www.ryanair.com) dessert aussi Barcelone au départ de Paris et d'autres villes françaises (Bordeaux, Marseille, Lyon). Leur fréquence est liée à la saison. **Transavia** (✆ 08 92 05 88 88 ; www.transavia.com) assure des vols entre Paris-Orly et Barcelone.
- La plupart des vols arrivent à l'**aéroport del Prat** (✆ 902 404704 ; www.aena.es), au sud-ouest du centre-ville. Certaines compagnies à bas coût utilisent l'aéroport de Gérone-Costa Brava (voir p. 180).

Depuis la Belgique

- **Iberia** (✆ 0707 00 050 ; www.iberia.com) et **Brussels Airlines** (✆ 0902 51 600 ; www.brusselsairlines.com) relient plusieurs fois par jour Bruxelles à Barcelone. Les tarifs débutent à environ 110 € l'aller-retour.
- Les compagnies low-cost **Vueling** (www.vueling.com) et **Ryanair** (www.ryanair.com) desservent aussi Barcelone par vol direct.

Un fil d'Ariane en voyage

Vous êtes ressortissant français ? Pensez à vous enregistrer sur le **portail Ariane** (pastel.diplomatie.gouv.fr/fildariane) du ministère des Affaires étrangères. Ce service gratuit vous permet de recevoir des alertes si la situation le justifie. Il existe une application pour les smartphones et les tablettes, intitulée *Conseils aux voyageurs*.

Depuis la Suisse

- **Iberia** (☎0848 000 015 ; www.iberia.com) et **Swiss** (☎0848 700 700 ; www.swiss.com) desservent Barcelone tous les jours depuis Genève et Zurich (à partir de 100 CHF l'aller-retour). **EasyJet** (www.easyjet.com) et **Vueling** (☎082 123 15 50 ; www.vueling.com) affrètent des vols directs pour Barcelone depuis Genève, et Vueling depuis Zurich également.

Depuis le Canada

- **Air Transat** (www.airtransat.com) propose des vols directs depuis Montréal d'avril à octobre (à partir de 800 $C) et **Air Canada** (www.aircanada.com) assure des vols avec escale (10 heures 15 au minimum) au départ de Montréal ou Toronto.

Aéroport del Prat

L'**aéroport de Barcelone-El Prat** (☎91 321 10 00 ; www.aena.es ; wifi) se situe à 15 km au sud-ouest de la Plaça de Catalunya.

- L'**Aerobús A1** (☎902 100 104 ; aerobusbarcelona.es ; Plaça d'Espanya ; aller/aller-retour 5,90/10,20 € ; M Espanya) relie le T1 et le T2 à la Plaça de Catalunya (30 à 40 min) via la Plaça d'Espanya, Gran Via de les Corts Catalanes et la Plaça de la Universitat toutes les 5 à 10 minutes de 5h35 à 1h05. Dans l'autre sens, les départs de la Plaça de Catalunya s'effectuent toutes les 5 à 10 minutes de 5h à 0h30. L'**Aerobús A2** circule entre le T2 et la Plaça de Catalunya toutes les 10 minutes de 5h35 à 1h en suivant le même itinéraire que l'Aerobús A1.
- La ligne 9 Sud (L9S) du **métro** (www.tmb.cat) relie le T1 et le T2 à Zona Universitària (32 min) toutes les 7 minutes de 5h à minuit du dimanche au jeudi, de 5h à 2h le vendredi et 24 h/24 le samedi ; correspondance pour le centre de Barcelone (5,15 €).
- La course en **taxi** depuis/vers le centre-ville (30 min) revient à 25-35 €.
- La ligne de **train** (www.renfe.com) R2 Nord relie l'aéroport à la gare de l'Estació Sants (20 min) et au Passeig de Gràcia (27 min) toutes les 30 minutes de 5h42 à 23h38. En sens inverse, le premier/dernier train pour l'aéroport quitte le Passeig de Gràcia à 5h08/23h06 ; tous passent par l'Estació Sants environ 5 minutes plus tard. L'aller-simple coûte 4,20 €. La gare de l'aéroport est à 5 minutes de marche du T2. Une navette gratuite rejoint le T1 (10-20 min, ttes les 5-15 min, 24h/24) depuis la gare et le T2.

Aéroport de Gérone-Costa Brava

- À 13 km au sud-ouest de Gérone et 92 km au

nord-est de Barcelone, l'**aéroport de Gérone-Costa Brava** (www.aena.es) accueille des vols en provenance de pays européens.

- La **Sagalés Airport Line** (☎ 902 130014 ; www.sagalesairportline.com ; aller simple/aller-retour 16/25 € ; Ⓜ Arc de Triomf) circule entre l'aéroport et la gare routière Estació del Nord de Barcelone (16 €, 1 heure 15, 3-4/jour).

Aéroport de Reus

- L'**aéroport de Reus** (☎ 91 321 10 00 ; www.aena.es), situé à 108 km au sud-ouest de Barcelone, accueille des vols en provenance de pays européens.
- Les bus **Hispano-Igualadina** (☎ 93 339 73 29 ; www.igualadina.com ; Carrer de Viriat ; Ⓜ Sants Estació) conduisent de l'aéroport à l'Estació d'Autobusos de Sants de Barcelone (16 €, 1 heure 45).

Train

- Le **TGV** (www.oui.sncf) relie Paris à Barcelone en 6 heures 45 (train direct). Réservez tôt pour obtenir un prix avantageux.
- Il est possible de rejoindre Barcelone depuis Perpignan (1 heure 20) et Montpellier (3 heures).

Estació Sants

- La **gare Estació Sants** (www.adif.es), principale gare ferroviaire de Barcelone, se situe à 2,5 km à l'est de la Rambla.
- Elle est desservie par les trains de grandes lignes espagnoles, en particulier depuis Madrid et Valence, ainsi que les services en provenance de France.
- Un réseau de trains géré par la Renfe (www.renfe.com) permet de gagner les villes autour de Barcelone et l'aéroport.

Bus

Les compagnies **Eurolines** (www.eurolines.fr), **Ouibus** (ouibus.com), **Linebús** (www.linebus.es) et **Flixbus** (www.flixbus.fr) relient Barcelone à plusieurs grandes villes de France. À titre indicatif, depuis Paris, les tarifs s'échelonnent entre 70 et 120 € l'aller-retour (comptez 15-16 heures de trajet).

Estació del Nord

- La **gare routière** (Estació del Nord ; ☎ 93 706 53 66 ; www.barcelonanord.cat ; Carrer d'Alí Bei 80 ; Ⓜ Arc de Triomf) longue distance de Barcelone est dans l'Eixample ; la station de métro Arc de Triomf est rapidement accessible à pied. Des bus de la compagnie **Alsa** (☎ 902 422242 ; www.alsa.es), entre autres, couvrent toute l'Espagne.
- **Eurolines** (www.eurolines.es), le principal transporteur international, assure des liaisons avec l'Europe depuis cette gare et depuis l'**Estació d'Autobusos de Sants** (Carrer de Viriat ; Ⓜ Sants Estació).
- Les bus **Transports Metropolitans de Barcelona** (www.tmb.cat) circulent dès 5h-6h30 et jusqu'à 22h-23h, selon les lignes, à haute fréquence. De nombreuses lignes passent par la Plaça de Catalunya et/ou la Plaça de la Universitat.

Comment circuler

Métro

- Le réseau de métro **Transports Metropolitans de Barcelona** (TMB, www.tmb.cat) est constitué de 10 lignes caractérisées chacune par un numéro et une couleur. Il circule de 5h à minuit du dimanche au jeudi, jusqu'à 2h le vendredi, et sans interruption le samedi.
- Le métro, les trains FGC, les *rodalies/cercanías* (trains locaux de la Renfe) et les bus sont soumis au même système de zones tarifaires. Un billet à l'unité pour un trajet en zone 1 coûte 2,40 €. La Targeta T-Casual (11,35 €) comprend 10 trajets.

Bus

- Après 23h, **Nitbus** (www.ambmobilitat.cat) propose un service de bus de nuit jaunes jusqu'à 3h ou 5h (dont le N17 pour l'aéroport). Tous passent par la Plaça de Catalunya, en général toutes les 30 à 45 minutes.

Taxi

Les taxis facturent la prise en charge à 2,25 €, puis 1,18 € par kilomètre (1,41 € de 20h à 8h et le week-end). Un supplément de 4,30 € s'applique aux courses depuis/vers l'aéroport. Les trajets au départ de l'Estació Sants et du port font aussi l'objet d'une majoration de 2,50/4,30 €. On peut héler un taxi dans la rue ou bien en commander un par téléphone ou au moyen de diverses applications.

Train FGC

- Les trains de banlieue **Ferrocarrils de la Generalitat de Catalunya** (FGC ; www.fgc.net) desservent le nord au départ de la Plaça de Catalunya : la ligne L7 va près de Tibidabo, la L6 à Reina Elisenda, à proximité du Monestir de Pedralbes.
- Le service fonctionne de 5h (avec 1 ou 2 trains seulement avant 6h) à 23h ou minuit du dimanche au jeudi et de 5h à 1h environ les vendredi et samedi.

Vélo

- La ville possède plus de 180 km de pistes cyclables.
- Il existe des loueurs de vélos un peu partout, en particulier dans le Barri Gòtic, à El Raval et à la Ribera (à partir de 5 €/heure).

Téléphériques

- Le **Teleférico del Port** (p. 160) conduit du front de mer au sud-ouest de La Barceloneta à Montjuïc.
- Le **Telefèric de Montjuïc** (p. 160) relie l'Estació Parc Montjuïc au Castell de Montjuïc. Les deux stations sont à environ 1,3 km l'une de l'autre.

Infos pratiques

Argent

- On trouve de nombreux DAB dans le centre de Barcelone, notamment sur la Plaça de Catalunya, dans la Via Laietana et sur la Rambla.
- Les cartes bancaires sont acceptées dans la plupart des

hôtels, magasins, restaurants et taxis.

Cartes de réduction

- L'**Articket BCN** (www.articketbcn.org ; 35 €) permet d'accéder à six musées d'art.
- L'**Arqueoticket** (www.barcelonaturisme.com ; 14,50 €) couvre quatre musées d'histoire et d'archéologie.
- **Barcelona Card** (www.barcelonacard.com). Accès gratuit aux transports et réductions dans de nombreux musées et sites touristiques (20/46/56/61 € pour 2/3/4/5 jours).
- **Ruta del Modernisme** (www.rutadelmodernisme.com ; 12 €). Réductions sur les principaux sites modernistes.

Électricité

Le voltage et la fréquence sont les mêmes qu'en France (220/230 V, 50 Hz).

Formalités et visas

UE et pays membres de l'espace Schengen Aucun visa n'est requis. Une carte d'identité ou un passeport en cours de validité suffit.

Canada Aucun visa n'est requis pour un séjour de moins de 90 jours. Les Canadiens doivent présenter un passeport en cours de validité et valable au minimum 3 mois après la date prévue de sortie du territoire.

Handicap

- Les bus sont accessibles en fauteuil roulant, tout comme la plupart des stations de métro (souvent équipées d'ascenseurs), hôtels, passages piétons et institutions publiques.
- Dans le métro, les billetteries automatiques proposent des options en braille.
- **Barcelona Turisme** (93 285 38 34 ; www.barcelonaturisme.com ; Plaça de Catalunya 17-S, sous-sol ; 8h30-21h ; M Catalunya) renseigne sur les hôtels adaptés et organise une visite du Barri Gòtic (13,95 €) pour les personnes en fauteuil roulant.
- Plusieurs sociétés de taxis, dont **Taxi Amic** (93 420 80 88 ; www.taxi-amic-adaptat.com) et **Green Taxi** (900 827 900 ; www.greentaxi.es), possèdent des véhicules adaptés.

Heures d'ouverture

Restaurants 13h-16h et 20h30-0h. Certains sont ouverts toute la journée.

Magasins 9h/10h-13h30/14h et 16h/16h30-20h/20h30 lun-sam

Bars 18h-2h (3h le week-end)

Clubs 0h-6h jeu-sam

Banques 8h30-14h lun-ven ; parfois 16h-19h jeu ou 9h-13 sam

Musées et galeries d'art Généralement 10h-20h (certains ferment de 14h à 16h). Souvent fermés le lundi et à partir de 14h le dimanche.

Jours fériés

Nouvel An 1er janvier

Épiphanie 6 janvier

Vendredi saint Fin mars/début avril

Lundi de Pâques Fin mars /début avril

Fête du Travail 1er mai

Dilluns de Pasqua Granda (lundi de Pentecôte) Mai/juin

Sécurité

- La petite délinquance (vols à l'arraché, pickpockets) constitue un réel problème à Barcelone, surtout dans le centre touristique. Les visiteurs sont particulièrement vulnérables lorsqu'ils se rendent à leur hôtel ou le quittent à pied avec leurs bagages.
- Évitez de vous déplacer à pied dans El Raval et vers l'extrémité sud de La Rambla tard le soir.
- N'emportez pas d'objets de valeur à la plage et ne laissez pas vos affaires sans surveillance.

Saint-Jean 24 juin

Assomption 15 août

Fête nationale catalane 11 septembre

Festes de la Mercè 24 septembre

Fête nationale espagnole 12 octobre

Toussaint 1er novembre

Jour de la Constitution 6 décembre

Immaculée Conception 8 décembre

Noël 25 décembre

Saint-Étienne (Sant Esteve) 26 décembre

Offices du tourisme

Plaça de Catalunya (☎ 93 285 38 34 ; www.barcelonaturisme.com ; Plaça de Catalunya 17-S, sous-sol ; 🕐 8h30-21h ; Ⓜ Catalunya)

Plaça Sant Jaume (☎ 93 285 38 34 ; www.barcelonaturisme.com ; Plaça de Sant Jaume ; 🕐 8h30-20h lun-ven, 9h-15h sam-dim ; Ⓜ Catalunya)

Catedral (☎ 93 368 97 00 ; www.barcelonaturisme.com ; Plaça Nova, Col·legi d'Arquitectes ; 🕐 9h-19h lun-sam, 9h-15h dim)

Estació Sants (☎ 93 285 38 34 ; www.barcelonaturisme.com ; Barcelona Sants ; 🕐 8h30-20h30 tlj avr-oct, 8h30-20h30 lun-ven, 8h30-14h30 sam-dim nov-mars ; 🚆 Sants Estació)

Aéroport d'El Prat (☎ 93 285 38 32 ; www.barcelonaturisme.com ; Aeroport de Barcelona-El Prat, Terminal 2 ; 🕐 8h30-20h30)

Oficina de Turisme de Catalunya (office du tourisme régional ; ☎ 93 238 80 91 ; escasateva.catalunya.com ; Passeig de Gràcia 107, Palau Robert ; 🕐 9h-20h lun-sam, 9h-14h30 dim ; Ⓜ Diagonal)

Pourboires

Au restaurant, les Catalans laissent généralement 5% maximum. Le pourboire est optionnel dans les taxis et il est rare de laisser un pourboire dans les bars.

Téléphone

- L'Espagne utilise le réseau GSM 900/1800, non compatible avec le réseau canadien (GSM 1900), sauf pour les appareils récents.
- Vous pouvez acheter en Espagne une carte SIM et un forfait appels et Internet pour l'utiliser sur votre téléphone mobile, à condition qu'il soit débloqué.
- Pas de frais d'itinérance pour tous les pays de l'Union européenne.

Urgences

Ambulance	☎ 061
Numéro d'urgence européen	☎ 112
Espagne	☎ 34
International	☎ 00
Guàrdia Urbana	☎ 092

Langue

La Catalogne a pour langues officielles l'espagnol (*castellano* ou castillan) et le catalan (*català*).

À Barcelone, vous entendrez autant l'un que l'autre et la plupart des habitants parleront volontiers en espagnol avec vous, surtout s'ils savent que vous êtes étranger. Dans ce chapitre, vous trouverez des bases pour vous exprimer en espagnol puis en catalan.

En suivant nos conseils de prononciation, vous n'aurez pas de mal à vous faire comprendre. Rh indique un "r" guttural. Le masculin et le féminin sont indiqués par (m/f).

Pour mieux communiquer sur place, procurez-vous le *Guide de conversation espagnol* et le *Guide de conversation catalan* de Lonely Planet.

Conversation de base

Bonjour. *Hola.* o·là

Au revoir. *Adiós.* a·*dyos*

Comment allez-vous ?
¿Qué tal? ké tal

Bien, merci.
Bien, gracias. bièn *gra*·ssias

S'il vous/te plaît.
Por favor. por fa·*vor*

Merci. *Gracias.* *gra*·ssias

Excusez-moi.
Perdón. pèr·*donn*

Pardon.
Lo siento. lo ssi·*ènn*·to

Oui./Non. *Sí./No.* *si/no*

Parlez-vous (français) ?
¿Habla (francés)? a·bla (frann·céss)

Je ne comprends pas.
Yo no entiendo. yo no ènn·*tiènn*·do

Au restaurant

Je suis végétarien/ne. (m/f)
Soy vegetariano/a. soï vé·Rhé·ta·*ria*·no/a

Santé ! *¡Salud!* sa·*lou*

C'était délicieux !
¡Estaba buenísimo! ess·*ta*·ba boué·*ni*·ssi·mo

Apportez-nous l'addition, s'il vous plaît ?
Por favor nos trae la cuenta. por fa·*vor* noss *tra*·é la *kouènn*·ta

Je voudrais...
Quisiera ... ki·*ssié*·ra ...

un café	*un café*	oun ka·*fé*
une table pour deux	*una mesa para dos*	*ou*·na *mé*·ssa *pa*·ra doss
du vin	*vino*	*vi*·no
une bière	*una cerveza*	*ou*·na cèr·*vé*·za

Shopping

J'aimerais acheter...
Quisiera comprar ... ki·*ssié*·ra komm·*prar* ...

Puis-je le voir ?
¿Puedo verlo? *poué*·do *vèr*·lo

Combien cela coûte-t-il ?
¿Cuánto cuesta? *kouann*·to *kouèss*·ta

C'est trop/très cher.
Es muy caro. èss mouï *ka*·ro

Urgences

Au secours !
¡Socorro! so·*ko*·ro

Je suis perdu(e). (m/f)
Estoy perdido/a. èss·*toï* per·*di*·do/a

Appelez ...! *¡Llame a ...!* *lya*·mé a ...
un médecin *un médico* oun *mé*·di·ko
la police *la policía* la po·li·*si*·a

Je suis malade. (m/f)
Estoy enfermo/a. èss·*toï* ènn·*fèr*·mo/a

Où sont les toilettes ?
¿Dónde están los baños? *donn*·dé èss·*tann* loss *ba*·nioss

Heure

Quelle heure est-il ?
¿Qué hora es? ké *o*·ra èss

Il est (10) heures.
Son (las diez). sonn (las *diès*)

matin	*mañana*	ma·*nia*·na
après-midi	*tarde*	*tar*·dé
soir	*noche*	*no*·tché
hier	*ayer*	a·*yèr*
aujourd'hui	*hoy*	oï
demain	*mañana*	ma·*nia*·na

Chiffres et nombres

1	*uno*	*ou*·no
2	*dos*	doss
3	*tres*	trèss
4	*cuatro*	*koua*·tro
5	*cinco*	*cinn*·ko
6	*seis*	séïss
7	*siete*	*ssié*·té
8	*ocho*	*o*·tcho
9	*nueve*	*noué*·vé
10	*diez*	diès

Transports et orientation

Où se trouve... ?
¿Dónde está ...? *donn*·dé èss·*ta* ...

Quelle est l'adresse ?
¿Cuál es la dirección? koual èss la di·rèk·*ssyonn*

Pouvez-vous me l'indiquer (sur la carte) ?
¿Me lo puede indicar (en el mapa)? mé lo *poue*·dé inn·di·*kar* (ènn el *ma*·pa)

Je voudrais aller à...
Quisiera ir a ... ki·*ssié*·ra ir a ...

À quelle heure arrive/part-il ?
¿A qué hora llega/sale? a ké *o*·ra *yé*·ga/*ssa*·lé

Je voudrais descendre ici.
Quiero bajarme aquí. *kié*·ro ba·*rhar*·mé a·*ki*

Catalan - vocabulaire de base

Bonjour.
Bon dia. bonn *di*·a

Bonjour (l'après-midi).
Bona tarda. *bo*·na *tar*·da

Bonsoir.
Bon vespre. bonn *bess*·pra

Au revoir. *Adéu.* a·*Sé*·ou

S'il vous plaît.
Sisplau. ssiss·*pla*·ou

Merci. *Gràcies.* *gra*·ssi·a

De rien. *De res.* dé rèss

Excusez-moi. *Perdoni.* pèr·*do*·ni

Pardon. *Ho sento.* ou *sènn*·to

Comment allez-vous ?
Com estàs? komm ass·*tass*

Très bien. *(Molt) Bé.* (mol) bé

En coulisses

Vos réactions ?

Vos commentaires nous sont très précieux pour améliorer nos guides. Notre équipe lit vos lettres avec la plus grande attention et prend en compte vos remarques pour les prochaines mises à jour. Pour nous faire part de vos réactions, prendre connaissance de notre catalogue et vous abonner à notre newsletter, consultez notre site Internet : **www.lonelyplanet.fr**

Nous reprenons parfois des extraits de notre courrier pour les publier dans nos guides ou sites Web. Si vous ne souhaitez pas que vos commentaires soient repris ou que votre nom apparaisse, merci de nous le préciser. Notre politique en matière de confidentialité est disponible sur notre site Internet.

Un mot d'Isabella

Un énorme *gràcies* à tous ceux qui m'ont apporté leur aide à Barcelone, quel que soit le domaine : Sally Davies, Esme Fox, Marwa El-Hennawey Preston, Tom Stainer, l'équipe de Devour, Clementina Milà, Joan Pau Aragón, María del Río, Vera de Frutos, Suzy Taher, Isabelle Kliger, Nigel Haywood, Alex Pérez, Lorna Turnbull, José Fabra et ses amis, Pau Gavaldà, David Doyes, Ariadna et sa famille. Comme toujours, le plus grand merci revient à mes fidèles assistants de recherche Jack Noble, John Noble et Andrew Brannan. *Salut !*

Crédits photographiques

Photographie de couverture : vue de Barcelone depuis le Park Güell, Georgios Tsichlis/Shutterstock ©

Photographies p. 32-33 (de gauche à droite d) : doble-d/Getty Images © ; David J. Lew/500px © ; alionabirukova/Shutterstock © ; GypsyPictureShow/Shutterstock ©

À propos de cet ouvrage

Cette 7e édition française du guide *Barcelone en quelques jours* a été traduite et adaptée de la 7e édition *Pocket Barcelona* rédigée par Isabella Noble. L'édition précédente avait été rédigée par Sally Davies et Catherine Le Nevez, et la 5e par Regis St Louis et Sally Davies.

Traduction Frédérique Hélion-Guerrini

Direction éditoriale Didier Férat

Responsable prépresse Jean-Noël Doan

Coordination éditoriale Sandrine Gallotta

Maquette Valérie Police

Cartographie cartes originales adaptées en français par Eduardo Yanes Blanch

Couverture Laure Wilmot

Merci à Agnès Poujol pour sa relecture attentive du texte ainsi qu'à Hugo Gadroy.

Index

Consultez aussi les index pour :
Se restaurer p. 190
Prendre un verre p. 191
Sortir p. 191
Shopping p. 191

Référence des sites
Référence des **cartes**

Se restaurer

Prendre un verre

Sortir

Shopping

Notre auteure

Isabella Noble

Anglo-australienne par ses origines mais espagnole de cœur, Isabella a fait son premier tour du monde à l'âge de 1 an et n'a cessé depuis de parcourir le globe. Journaliste de voyage, spécialiste de l'Espagne (elle a grandi dans un village andalou), elle écrit aussi sur l'Inde, la Thaïlande, la Grèce, le Royaume-Uni, etc. Auteur régulier pour Lonely Planet, elle travaille entre autres pour le *Daily Telegraph* et le magazine *Atlas* de Etihad Airways. Suivez Isabella sur Twitter et Instagram (@isabellamnoble).

Barcelone en quelques jours
7e édition
Traduit et adapté de l'ouvrage *Pocket Barcelona, 7th edition, 2021*

92 avenue de France - 75013 Paris

Dépôt légal Avril 2022
ISBN 978-2-81619-282-7

Imprimé par L.E.G.O. Spa (Legatoria Editoriale Giovanni Olivotto), Italie

En Voyage Éditions | un département édi8